送给家长的枕边书

小学生
心理建设53例

李美晔 刘燕华 李澍晔 ◎ 著

·北京·

图书在版编目（CIP）数据

小学生心理建设 53 例/李美晔，刘燕华，李澍晔著.--北京：中国经济出版社，2021.1
ISBN 978-7-5136-5740-2

Ⅰ.①小… Ⅱ.①李… ②刘… ③李… Ⅲ.①小学生-心理健康-健康教育 Ⅳ.①G444

中国版本图书馆 CIP 数据核字（2019）第 120364 号

责任编辑	陈　瑞
责任印制	马小宾
封面设计	任燕飞装帧设计工作室

出版发行	中国经济出版社
印 刷 者	北京富泰印刷有限责任公司
经 销 者	各地新华书店
开　　本	880mm×1230mm　1/32
印　　张	7.75
字　　数	153 千字
版　　次	2021 年 1 月第 1 版
印　　次	2021 年 1 月第 1 次
定　　价	49.00 元

广告经营许可证　京西工商广字第 8179 号

中国经济出版社 网址 www.economyph.com 社址 北京市东城区安定门外大街 58 号 邮编 100011
本版图书如存在印装质量问题，请与本社销售中心联系调换（联系电话：010-57512564）

版权所有　盗版必究（举报电话：010-57512600）
国家版权局反盗版举报中心（举报电话：12390）　　服务热线：010-57512564

前言

在信息大爆炸的时代,小学生获取信息的途径增多,这原本是件好事,但是由于心智与思维的不成熟,在受到外界不良信息的冲击时内心彷徨不安,出现了一系列的问题,值得警惕。

许多家长期盼孩子成龙成凤的思想日趋严重,家长的主观意愿与孩子内心向往的自由、快乐背道而驰,小学生的心理成长有其客观的规律,一些家长没有系统、认真地学过儿童心理学知识,心理"盲区"比较严重,对待孩子简单粗暴,不给孩子申诉的机会,不会"冷"处理孩子与家庭的问题,由此出现沟通上的障碍,导致家庭教育随之出现一些严重的问题,家庭幸福指数严重下降,甚至无幸福可言,需要引起足够的思考与重视。家长要想方设法学习并掌握小学生心理知识,将其运用到生活中去。小学生的健康分为两个方面:一是身体健康;二是心理健康。二者缺一不可,不能忽视。

一些小学生的心理问题已经十分突出,如过于任性、过于焦虑、过于胆怯、过于贪玩、过于马虎、过于冷漠、过于娇气、过于索取、过于攀比、过于娱乐游戏、动漫、追剧,习惯性撒谎、习惯性推卸责任等，这种现象令人担忧，如果不能引起小学生及其家长、学校和社会的高度重视，将会造成极其严重的后果。家长、老师、社会都应该关注小学生的心理健康问题，掌握小学生的心理特点，科学引导，因"心"施教，使小学生能健康成长。

李美晔　刘燕华　李澍晔

2020 年 2 月 19 日

目录

恐惧心理

一、她为何担心自己活不长 …… 003

二、12岁仍不敢自己单独睡 …… 007

三、总认为自己的脸没洗干净 …… 011

四、为什么不敢乘电梯 …… 014

五、爸妈坐飞机前她总是心慌 …… 018

六、总是担心有人伤害自己 …… 022

七、都是"海怪"惹的祸 …… 026

八、不是蔬菜的错 …… 030

九、握手带来的恐慌 …… 034

十、人小补品多 …… 038

焦虑心理

十一、不想做别人家的孩子 …… 044

十二、焦躁不安的背后 …… 048

十三、课外班带来的"病痛" …… 052

十四、青涩的懵懂 …… 056

十五、暴饮暴食有原因 …… 060

十六、不停地买彩票 …………… 064

　　十七、路霸的勒索 ……………… 068

　　十八、讨厌自己的妹妹 ………… 072

　　十九、担心个子长不高 ………… 076

　　二十、当梦想遭遇现实 ………… 080

报复心理

　　二十一、偷偷跟踪班长 ………… 087

　　二十二、阻挠妈妈再婚 ………… 091

　　二十三、椅子上"长"出的刺 … 095

　　二十四、报复心害人害己 ……… 099

　　二十五、路见不平帮倒忙 ……… 103

多疑心理

　　二十六、疑心自行车被盗 ……… 109

　　二十七、谁偷看了日记 ………… 112

　　二十八、被吓出来的"病" …… 116

　　二十九、嗓子怎么总发炎 ……… 120

　　三十、"疑心病"要不得 ……… 124

自卑心理

　　三十一、"A4腰"的代价 …… 131

　　三十二、对八块腹肌的向往 …… 135

　　三十三、谁说没有朋友 ………… 139

　　三十四、单眼皮的烦恼 ………… 143

　　三十五、不愿意参加集体活动 … 148

强迫心理

- 三十六、多次进厨房查看 …… 155
- 三十七、储藏柜里的秘密 …… 159
- 三十八、控制不住打电话 …… 163
- 三十九、出门前反复清扫 …… 167
- 四十、总觉得门没有锁 …… 171

逆反心理

- 四十一、有一种早恋是妈妈说的早恋 … 177
- 四十二、"挑战"身体极限 …… 181
- 四十三、拒绝分享 …… 184
- 四十四、为何要离家出走 …… 188
- 四十五、要做男子汉 …… 193

抑郁心理

- 四十六、礼物被送人之后 …… 198
- 四十七、被人冤枉的滋味 …… 202

嫉妒心理

- 四十八、不允许跟别人好 …… 208
- 四十九、你有我有全都有 …… 212

厌学心理

- 五十、就是不想上学 …… 219
- 五十一、"小霸王"的孤独 …… 223

网络游戏综合征

　　五十二、早出晚归的学生 ················ 229

　　五十三、离开电脑就烦躁 ················ 233

后　　记 ·· 237

恐惧心理

恐惧心理是指对某些事物或特殊情境产生十分强烈的害怕情绪。恐惧心理出现时，明明知道自己的恐惧是没有必要的，就是不能自我克服与控制，严重时还伴有烦躁不安、呼吸急促、心慌、血压升高、出汗、浑身无力、哆嗦、头昏、恶心、呕吐甚至休克等。当所恐惧的事物或情境不存在时，一切恢复正常。

恐惧心理一般有四种情况：一是对动物的恐惧，如害怕虫子、蛇、老鼠、壁虎、蚯蚓、狗、狼、鳄鱼、蝎子等。二是对疾病的恐惧，如害怕患癌症、结核病、与传染病患者接触，害怕感冒、发烧、咳嗽、肺炎，害怕输液、打针、吃药等。三是对旷野、高空与黑暗的恐惧，如害怕经过无人的楼道、胡同、隧道、山路，害怕一个人待在家，害怕黑天、阴天、下雨、打雷，害怕乘飞机、轮船，害怕乘电梯、空中缆车等。四是对社交的恐惧，如害怕警察、害怕流浪汉等。

小学生恐惧心理的产生原因比较复杂，如体弱多病、天生胆小、敏感、脆弱、多疑；有些小学生遭到不良的环境刺激，如家庭发生火灾、同学意外伤亡、目睹惨烈的事件、被猫抓被狗咬、恐怖的影视故事等时，也会引发恐惧心理；有的小学生是受到了家长的吓唬、严酷惩罚，心灵受到沉重打击，形成胆小、敏感、多疑、焦虑等性格特征，一旦遇到突然惊吓，就容易产生恐惧。

恐惧心理会严重影响小学生的身心健康，使小学生的心理始终处于高度紧张、自卫状态。应该采取积极的心理疗法，主要是多鼓励，多用科学方法讲道理，多疏导劝告，多稳定情绪，要有意识地培养孩子勇敢、坚毅的意志品质，让孩子积极参加集体活动，使孩子充满自信。

　　社会、学校、家庭要对小学生进行良好的教育，开阔小学生的视野，让小学生了解更多的科学知识，远离恐怖的游戏、电影、电视、书刊与事件。

 恐惧心理

一、她为何担心自己活不长

 案例

好学生的变化

媛媛是一名小学四年级的学生,聪明伶俐、活泼可爱,在班里学习成绩优秀,团结同学,还担任中队干部,是老师的小帮手。最近,媛媛却有些反常,上课听讲时常常不专心、眉头紧皱,有几次老师提问她,她都回答得文不对题,惹得全班同学哄堂大笑。老师感到奇怪:学习成绩一向稳定的媛媛这是怎么了?同学们对媛媛的变化也都深有疑虑:课间休息时,媛媛老是一个人目光呆滞地独自坐在教室里,同学们叫她出去玩,她也不予理睬,好像没有听见一样。有的同学不明白:怎么不理我们呀,谁惹她生气了?

老师的细心观察

有一天,班主任宋老师在给大家上语文课时,发现媛媛老盯着窗外看,细心的老师开始留心观察,课间休息时,大

多数女同学都说笑着结伴去上厕所,媛媛却等大家差不多都回来了才去。上课时,媛媛老是愁眉苦脸的样子,问她是不是生病了,她摇摇头,矢口否认。放学后,宋老师来到媛媛家,了解到她的父母已经离婚好几个月了,她跟随爸爸一起生活。她的爸爸是一个科研单位的工程师,每天下班很晚。以前,爸爸回来晚,都是妈妈等着,自从妈妈搬走后都是媛媛天天等爸爸,有时等到太晚就睡着了。老师认真地向媛媛的爸爸叙述了她在学校近期的表现,爸爸听后非常着急:"我也感到媛媛近来有些不对劲,常常看她一个人很长时间在屋里,我还以为是作业多。"

一封书信

情急之下爸爸到媛媛的屋子查看,突然在一排书本中发现了一封信:自从妈妈搬走后,我觉得自己没有人疼爱了,上课老是走神,精力不集中,夜里经常做噩梦。更让我害怕的是早晨起来上厕所时,竟然发现内裤上面有好多鲜血,而且连续好几天都是这样。我是不是得了重病,活不长了?我不知道该把这件事情告诉谁?谁又能帮到我?要是妈妈在就好了,我可以对她说,妈妈一定可以帮我的!如果再这样下去,我是不是就不能见到妈妈了?人一直流血会不会很快就死亡了?我感觉自己真的快不行了。

 恐惧心理

 解决方法

心理导航

看到这里,老师和家长长长地舒了一口气,原来是媛媛开始发育来月经了,由于对生理期的不了解导致心理上的极度恐慌,给她的学习、生活带来了很大的精神压力。为了尽快地解除媛媛的心病,老师和家长马上找来心理专家。

听医生讲解生理知识

心理专家立刻请来了妇科医生给媛媛讲解女孩子青春期生理卫生知识,让媛媛弄明白月经是青春期发育的正常现象,不必惊慌失措、忧心忡忡,要正确对待,女孩子到了这个年龄都会有……

与妈妈取得联系

父母离婚,对媛媛幼小的心灵是一个很大的打击,尤其是媛媛进入了青春发育期,有了问题和爸爸讲不是很方便。让媛媛跟妈妈定期见见面,既可以解决思念之情,又能和妈妈说说"知心话",由妈妈来告诉媛媛经期的注意事项:避免受寒、着凉,避免过度劳累,注意经期卫生,保持心情愉快。

团体交流

宋老师找来班上几名已经来过月经的女同学和媛媛交流经

期卫生经验,使媛媛正确认识到:来月经是女性性成熟的表现之一,属于正常现象,对身体健康没有害处。很多来过月经的女同学都能处理好这件事情,相信媛媛也能做好。

"特别"关照

宋老师特别找了体育老师,嘱咐他上体育课时多多关照已经有了月经的女同学们,避免过量运动,让媛媛能感到虽然妈妈不在身边,但老师的关怀同样周到。

通过学校和家长的努力,媛媛很快恢复了活泼可爱的样子。

心理专家提示

现在社会上单亲家庭比较多,有女儿随父亲的,也有儿子跟母亲的,做父母的除了保障好孩子的吃、穿、用以外,还要在生理、心理上予以关注,使青少年的身心得到健康发展。有些看起来不大的事情,如果处理不好,也会让年龄小的孩子产生心理阴影。同时,应该在小学中高年级开设生理卫生常识课。随着人们生活水平的提高,家长十分注重孩子的营养,孩子生长发育很快,女孩月经初潮年龄提前,老师在小学中高年级中适时进行这方面的知识启蒙,对孩子的自我保护、身心健康会有很大帮助。

二、12岁仍不敢自己单独睡

案例

身体出状况

王大嫂的女儿莉莉,今年已经12岁了,亭亭玉立的小姑娘十分招人喜爱,莉莉哪里都好,无可挑剔,可就是胆子小,晚上不敢一个人睡觉。王大嫂一点儿办法也没有,为了陪莉莉睡觉,她从不敢出远门、走亲戚。只要晚上离开了妈妈的陪伴,也不知道为什么,莉莉就会浑身上下哆嗦没完,直冒汗,心慌得要命。为此莉莉和王大嫂很是苦恼。好心的邻居劝王大嫂带莉莉去看医生,是不是孩子有什么毛病?王大嫂带女儿来到医院,经过全面的检查后,基本上排除了器质性的病变,医生建议她娘俩去心理专家那里看看是否因为心理原因导致的躯体反应。

了解原因,对症下药

经过心理专家了解才知道,莉莉非常爱看动画片,满脑子都是会飞的机器人、变形金刚、恐龙、鳄鱼、妖魔鬼怪的影子。8岁那年寒假的一天晚上,爸爸从网上下载了一部惊悚电影,里面讲的是一个"吸血鬼"专门吸小孩子血的故事,衬托着冬日夜晚的浓重氛围,阴森恐怖极了。莉莉被恐怖的场景吓到了。从那以后,只要到了晚上一闭眼,莉莉就能感到一股凉气,好像有"吸血鬼"从窗户进来,开始吸她的血,自己身体里的血越来越少。

 解决方法

心理导航

心理专家认为:莉莉由于观看恐怖片导致头脑中的恐怖印象挥之不去,进而产生了心理上的恐惧,如果不及时进行治疗,就会导致妄想症或神经官能症。为了使莉莉不正常的心理得到纠正,心理专家为她安排了一系列的治疗方案。

及时批评,稳定情绪

心理专家把莉莉的爸爸叫到医院,当着莉莉的面严厉地批评了家长的不负责任,不加选择地观看影视作品让孩子受到惊吓,并让莉莉的爸爸做了认真严肃的自我批评。

科学灌输，正面引导

请班主任巧妙地做莉莉的思想工作，告诉莉莉人才是最勇敢的，鬼、神、妖魔都是经过作者编撰出来的神话和科幻故事。小学生要学会自立、自强，要勇敢，做有文化、懂科学知识的少先队员。老师还建议莉莉多看一些人文、历史方面的纪录片，并陪伴莉莉来到学校图书馆，跟她一起阅读科学百科、世界历史、风土人情等方面的书籍，莉莉徜徉在知识的海洋里，学习了很多自己不知道的科学知识，对于恐怖题材的影视片越来越淡化，从容地面对、化解自己的恐惧，并能逐渐运用科学知识来解释以前自己的很多疑问和困惑。

事实胜于雄辩

心理专家带着一个"血液测量表"、一架摄像机来到莉莉家，给她接上"血液测量表"，告诉莉莉晚上由妈妈和医生在外屋观察记录，并打开摄像机监视，看是否真的有"吸血鬼"出现，让莉莉安心睡觉。第二天，莉莉起来后看见妈妈和医生在门外看护着自己，赶快问自己的血少没少，"吸血鬼"来没来。妈妈和医生指着"血液测量表"，微笑着说，"没有少"。监视器里什么都没有，只有莉莉安安静静睡觉的情景。莉莉仔细看过后终于放下害怕的心。从此以后，莉莉的"心病"彻底好了。

心理专家提示

晚上睡觉害怕,看上去是小事,但当情况严重时,就要认真地加以解决,否则就可能酿成大祸。家长平时千万不能给孩子讲妖魔鬼怪的事情,更不能以家长的喜好随意下载不适合青少年观看的影视作品,要充分了解青少年生长的特点,顾及他们的感受及心理承受能力。

 恐惧心理

三、总认为自己的脸没洗干净

 **案例**

总是照镜子

小学六年级的学生静静最近不知怎么了,早上出门前老是照镜子,总觉得自己的脸没洗干净,尤其是遇到小孩或同学,便会像做贼似的迅速把头低下去。

开始,妈妈以为女儿是爱美又害羞,也没有太往心里去,可是后来发现女儿不仅在吃饭时照镜子,睡觉前也要不停地照一照,甚至上厕所也会拿出她的小镜子照个没完。妈妈生气地说了她无数次,却没有效果,娘俩因此事多次发生争执,闹得很不愉快。

郊游惹的祸

一次偶然的机会,妈妈听邻居讲静静可能有心理问题,吓得妈妈赶快带孩子去看心理专家。心理专家经过详细的了解

后，找到了事情的原委。

　　原来，有一次同学们结伴外出郊游，恰好在一棵大树后面遇到了一个不讲卫生的流浪汉，流浪汉神情呆滞、头发蓬乱满脸脏兮兮的，正好与静静打了个照面，吓得静静"魂魄"都飞了。从那以后，她总是觉着自己的脸跟流浪汉似的不干净，样子像"鬼"，出门让别人笑话，怕吓着别人家的小孩子。

 解决方法

心理导航

　　心理专家认为：静静患上了"恐怖性的神经官能症"，属于心理异常。治疗这种心理疾病，最好的办法是心理自然疗法，一步步地去开导，并逐步地使其淡忘心中的"阴影"。

　　根据孩子的年龄，心理专家给她开了一个治疗的"处方"。

处方一：分散注意力

　　父母亲分别找邻居和亲属帮忙，请他们在见到静静时多夸静静漂亮、干净整洁；邀请静静几个最要好的同学，请她们多来家里走动，陪静静聊天、做游戏，以此分散她过分在意自己脸部的注意力。

 恐惧心理

处方二：逐步接触

让邻居范阿姨带着6岁的女儿青青，经常到静静的房间里去，让静静辅导青青的作业，长时间、近距离地与小孩接触，逐渐让静静消除了担心小孩嫌弃她脸脏的心理。

处方三：巩固约束法

请静静最信任的一位女生，陪她生活一段时间，两人同时洗脸，同时外出活动。这位女生与静静约定好，除了洗漱之外，两个人都不照镜子，只有彼此发现对方脸上真的有脏东西需要照镜子时，才可以照。经过一个多月的治疗，静静的心病彻底好了。

心理专家提示

家里人有了心理疾病，不要怕，不能着急，更不能训斥、讽刺、挖苦。全家人一定要充满爱心，用真心去感动患者，用耐心好好陪伴患者，并及时给患者以鼓励，帮助其渡过难关，找回自信。

四、为什么不敢乘电梯

 案例

电梯不乘爬楼梯

学生小庄家住18层,最近不知怎么了,他一反常态上下楼非要爬楼梯,就是不乘电梯。奶奶问他为什么,他含糊其词地说:"太胖了,锻炼一下减减肥。"奶奶听了信以为真,也就不再多问。由于爬楼梯体力消耗大,小庄每天上下学累得满头大汗,气喘吁吁,腰酸腿疼的。

恐惧的来源

早晨上学时间非常紧张,小庄依然执拗地走楼梯,为此,有几回还耽误了上课,受到老师的批评。老师与家长通电话,说最近小庄早晨上学总是迟到,而且上课显得很疲惫,希望家长早一点让孩子出门。小庄的妈妈一听就着急了,与小庄耐心地交谈后,了解了事情的原委。

 恐惧心理

原来，几天前小庄偶然听到爸爸与妈妈聊天，说某地乘电梯的乘客，由于电梯在运行过程中出现了问题，乘客因此失去了生命，非常惨痛。恰巧小庄到同学家玩时，跟同学一起看了一部电影，故事情节里有警察追歹徒的镜头，警察把歹徒追到电梯里，电梯失控，歹徒随电梯一起坠入漆黑的梯井，摔得粉身碎骨。看了这样的镜头，再想起爸爸妈妈的聊天，都和电梯有关，小庄特别害怕，于是每次一看见电梯就不由自主地浑身哆嗦，头脑里立刻会出现电梯在运行中突然失控，直落漆黑梯井的画面，内心受到了强烈刺激。妈妈感觉到小庄可能是患上了"恐惧症"。

 解决方法

心理导航

轻微恐惧症并不是什么大不了的问题，每个人或多或少可能都会有一些，但是如果过了头，就有问题了。

治疗心理恐惧症最理想的办法就是引导患者逐步学会心理适应，而适应性训练的第一步是非常关键的。为了彻底消除小庄的恐惧心理，爸爸妈妈在咨询心理专家后，与老师一起制订了治疗方案。

技术讲解，消除疑虑

爸爸请来了负责电梯运行的技术人员，对照图纸，给小庄讲解电梯运行的原理、保险措施，以及电梯突然断电后自行保护原理，使小庄对电梯机械原理有了全面的了解，心理恐惧程度有所缓解。

妈妈施计来帮忙

当小庄的恐惧心理有所缓解后，妈妈心生一计，想出了一个好办法，使他勇敢地迈出了第一步。一天，妈妈与小庄两个人在家，妈妈假装"肚子痛"得难以忍受，看着妈妈"难受"的样子，小庄立刻扶着妈妈走到电梯前，来不及多想，坚定又迅速地踏进了电梯间，在电梯里他看到妈妈"痛苦"的样子，心里只有一个念头，就是让电梯快点下行到一层，想用最快的速度在最短的时间内把妈妈送到医院。当妈妈把真相告诉小庄后，母子俩开心地大笑起来，小庄还主动提出跟妈妈再一次乘电梯返回18层。

同学的帮助与鼓励

经过这两次"被迫"乘电梯的经历后，小庄的恐惧心理有了很大缓解。接着，老师又趁热打铁，让几个同学陪小庄一起多次乘电梯。在老师、同学的协助与鼓励下小庄的恐惧症状慢慢地消除了，现在又和以前一样，不再为乘坐电梯而恐惧、害怕了。

心理专家提示

心理恐惧并不可怕，关键是要及时地加以解决，对于心理恐惧的儿童，一定要有耐心，有针对性，一步一步地来解决问题，千万不能急，更不能采取强迫、威胁的办法，更不能嘲笑孩子，以防病情加重。

五、爸妈坐飞机前她总是心慌

案例

没有了笑容

文文的爸爸妈妈经常出差,文文常常独自一人在家,因此她的自理能力特别强,做饭、洗衣服、料理家务样样在行,学习也特别用功,爸爸妈妈常常夸奖她。最近,文文的言行有些反常,一听说爸爸妈妈要乘飞机出差,她就开始频繁打电话,哭着阻止爸爸妈妈坐飞机出差。整日里还心事重重的,不见笑容,学习也不专心,上课经常走神。爸爸妈妈感到事情很严重,就主动咨询了心理专家。

找出问题症结

心理专家耐心、细致、温柔地与文文进行交谈,终于使文文吐露出了事情的原委。一次,文文在家看电视,连续看到了几条飞机失事的新闻,电视画面上飞机燃烧的残骸,在她脑海

 恐惧心理

里不断地闪现。她把电视新闻中报道的新闻与爸爸妈妈乘坐飞机联系在了一起,总感到爸爸妈妈乘坐飞机,也会遭遇机毁人亡的可怕事故。

 解决方法

心理导航

心理专家分析:文文由于爱父母心切,突然受到电视中恐怖镜头的刺激后,在现实生活中经常幻想恐怖画面。必须采取多种手段,科学及时地加以疏导,才能避免严重后果。应根据文文的年龄特点,设计治疗方案。

爸爸妈妈常陪伴

为了避免文文长时间一个人在家,爸爸妈妈尽可能减少出差的次数,或者是分开出差,出差时间实在调不开的话,就请外婆、奶奶、姑姑或者其他亲朋好友来陪伴,给她讲故事,一起做游戏,这样就文文不再孤独与胡思乱想了,生活有了乐趣,文文的脸上也有了笑容。

适时点拨

爸爸与妈妈在家时常陪文文一起看电视、看航空表演,每

当看到有乘坐飞机的镜头时,妈妈就借机对文文讲,飞机是最安全的交通工具,无论是中外国家元首访问,还是普通人出门旅行,越来越多的人选择乘坐飞机,不仅安全可靠,还能有效缩短路上的时间。网络购物配送也都开通了空运,让购物者能在最短的时间内收到所购商品。

了解航空知识

爸爸主动与航空公司一位有飞行经验的飞行员取得了联系,这位飞行员耐心地为文文讲解航空基本知识,告诉文文现在航空技术很先进,发生意外的可能性非常小。他们在飞机上工作了几十年,飞行里程数十万千米,没有发生过问题。文文还见到了漂亮的空姐,空姐为文文讲空中服务的逸闻趣事,把文文逗得开怀大笑。这些事情使文文认识到,很多人都选择乘飞机出行,很多的飞行员和空姐每天在飞机上工作,并没有可怕的事故发生。

培养多种兴趣

妈妈知道文文喜欢朗诵,征求了文文的意见后,给文文报名参加了朗诵班与合唱队。文文在朗诵班与合唱队里接触到许多新同学,知道了许多新事物,每天的生活安排得非常充实有意义,再也没有出现过担心爸妈乘坐飞机的心理问题了。当合唱队到外地演出需要乘坐飞机时,文文很平静、自然地跟着老

 恐惧心理

师和同学上了飞机,并体会到了飞机的舒适与安全。

心理专家提示

长期独自一人在家的学生,在性格上可能出现异常,心事也显得比常人重。家长要注意与孩子沟通交流,善于观察孩子的变化,努力给孩子营造一个温暖的家,让孩子感到亲人就在身边。可以根据孩子的特点与爱好,给孩子报兴趣班,分散孩子的注意力,以此来填补孩子精神世界的空虚。

六、总是担心有人伤害自己

案例

神色慌张地开门

晓梅的爸爸妈妈每天早出晚归,工作很忙,每天放学后总是晓梅第一个回到家里。奇怪的是,每次快到门口时,她总是神色慌张,特别是在开防盗门时,心怦、怦、怦地跳个不停,大汗淋漓,呼吸急促,即便进了家门很长时间,她仍然无法平静下来,写作业也不能集中精力,作业的错误非常多。

影响正常上学

发展到后来,晓梅连开防盗门时都恐慌得要命,钥匙多次插入门锁后又停下来,屏住呼吸观察外面是否有动静。有时这样的动作要重复好几次,影响到了上学。老师与妈妈取得联系,听了老师的反映后妈妈很疑惑:每天早晨晓梅和爸爸妈妈起得一样早,不应该上学迟到呀?带着疑问,妈妈带晓梅找到

 恐惧心理

心理老师,在亲切自然的气氛中,与晓梅聊了起来。

小区里的罪犯

原来在晓梅居住的小区里,有一位跟晓梅年龄相仿的女孩子,就是在放学回家时被一个抢劫犯尾随至楼门口,在这个女孩子集中精力开防盗门时,被穷凶极恶的罪犯掐昏,罪犯趁机开门实施了疯狂的盗窃。这件事情,在晓梅的脑海里像过电影一样,不停地闪现。

之后的时间里,晓梅总觉得罪犯就在小区周围游荡,随时会在自己开门的时候从背后冒出来。夜里还经常做噩梦,每次都会被噩梦惊醒,吓得满头大汗。长时间的精神紧张导致晓梅睡眠严重不足,每天脑子昏昏沉沉,没有了精神,记忆力减退,学习成绩也下降了许多,身体日渐消瘦。

 解决方法

心理导航

由于身边事件的刺激,担心可怕后果会发生在自己的身上,导致晓梅精神紧张,心理陷入极度恐慌的状态,需要及时进行调节和治疗。

调整出行时间

根据心理老师的建议,妈妈爸爸开始改变时间,每天早晨与晓梅一起出门,下班争取早点回来,尽量不让晓梅一个人在家,让孩子的情绪在家人的陪伴下慢慢平复,以此获得一定的安全感。

旅游放松

假期到了,晓梅的爸爸妈妈商量带她去旅游。在青山绿水的风景区、在波光粼粼的海边、在欢声笑语的游乐场,晓梅开心地玩乐,尽情地享受着大自然赋予的美好。旅途中还结交了一些新的小伙伴儿,大家互留了微信,随时在网络中互动并分享自己的所见、所闻、所感。快乐、充实的假期生活,冲淡了晓梅的恐惧心理。

标本兼治

为了帮助晓梅摆脱心理阴影,妈妈与当地派出所联系,得知入室尾随的抢劫犯已经被抓获,小区也吸取教训,加强了防范措施。妈妈及时把这个情况告诉了晓梅,使晓梅的心理包袱减轻了不少。

 恐惧心理

英雄的影响

周末有时间,爸爸妈妈会带晓梅看战斗英雄的电影故事片,让晓梅更直观地了解英雄们是怎样骁勇善战、足智多谋地与敌人周旋;抛头颅、洒热血,保家卫国。有时候,晓梅也会在妈妈的陪伴下到图书馆查看翻阅历史资料,了解英雄们的崇高思想,学习英雄们的勇敢和智慧。英雄的故事不断感染着晓梅,让她越来越觉得自己也是有力量的,胆子也逐渐大了起来。

心理专家提示

女孩子的心理承受能力相对较弱,对各种不良的外界刺激非常敏感,特别是对凶杀、抢劫等事件更容易引起恐慌,需要及时地加以调节。家长要知道孩子是需要爱抚的,需要精神依托的,应该多鼓励她们参加有意义的社会活动,多为她们创造安全的生活环境,多让她们听听、看看战斗英雄的事迹,以激发她们的勇敢斗志。

七、都是"海怪"惹的祸

案例

拒绝游泳

9岁的亮亮聪明活泼、虚心好学、助人为乐、团结同学,大家都很喜欢他。暑假时爸爸想起前两年,亮亮曾缠着他要去海边游泳的事情,于是跟妈妈商量,利用暑期带亮亮去海边游泳,满足他的心愿。

一家人如愿来到了浩瀚的海边,爸爸迫不及待地拉着亮亮走向海边更衣室,换好了泳裤的父子俩帅帅的。可是亮亮看上去却不怎么高兴,神色也有些紧张。爸爸兴奋地拉他下海游泳,可亮亮却说自己头昏,肚子痛,坚持要留在沙滩上玩,任凭爸爸妈妈怎么劝说都不下海游泳。

"海怪"吃人

接下来几天,亮亮一切正常,但只要说到下海游泳,他就

 恐惧心理

出现各种身体反应。细心的妈妈带亮亮到海边散步,在轻松的谈话氛围里妈妈终于找到了其中的缘由。原来亮亮经常看科幻片,常常看到海怪从海里突然冒出来,张着血盆大口把人吃掉。现在他自己真的到了海边,脑子里就开始了各种想象,出现了海底怪物吃人的恐怖情景。

 解决方法

心理导航

根据亮亮的各种反常表现,可以初步判断,由于长期看科幻片,亮亮的潜意识里已经形成了海里一定有怪物的想法,特别是到了海边,亮亮把科幻片里的镜头带入了真实的场景里,引发了恐惧心理,导致身体也出现了一些反应。

管理人员讲安全知识

妈妈专门请来海滨浴场负责人给亮亮讲海滨浴场安全设施的布置及可靠性,海滨浴场数十年来从未发生过任何安全隐患问题,并结合照片比较详细地介绍历年来到这个海滨浴场游泳的国内外领导、友人、演员、企业家、艺术家,让亮亮的心里有了安全感。亮亮想:这么多人下海游泳,都没有被海怪吃

掉，想来海怪吃人的事情是不会发生的。

聆听海洋动物知识

妈妈还请来了当地海洋动物研究员，为亮亮系统地讲解海洋动物种类，讲解生活在附近海域的海洋动物有哪些，包括它们的种类和数量，并耐心地告诉亮亮，这些海洋动物都是人类的好朋友，作为新时代的小学生，一定要尊重科学和客观实际。

小朋友的鼓励

浴场管理人员请来几位敢于下海游泳的当地同龄小朋友与亮亮聊天，分享在大海里游泳的趣事。通过小朋友们的介绍，亮亮还了解到有很多海边的运动项目：沙滩足球、沙滩排球、水中"枪战"等。亮亮对这些海边运动项目充满了好奇与期待，很快就忘记了海怪吃人的科幻片，巴不得投身大海和小朋友们一起玩耍。

在大家的鼓励下，亮亮终于鼓足勇气，换好游泳裤下海游泳了。小朋友们如鱼得水，开心地玩起了水中"枪战"，嬉戏欢笑好不热闹。

 恐惧心理

心理专家提示

有些孩子由于长期看一些带有恐怖、暴力色彩的科幻片或动漫片,在其潜意识里会形成一种思维定式,甚至容易产生极端的想法和念头。特别是性格内向、不愿与人交流的孩子,更容易产生幻想症状,应该引起家人、学校和社会的重视,给孩子们更多科学的、健康的、主流的精神食粮,适当引导他们,从小树立正确的世界观、人生观、价值观。

八、不是蔬菜的错

案例

偷偷扔掉蔬菜

学生菲儿不知道怎么了,已经有五个多月的时间不吃蔬菜了。每次吃饭妈妈给她夹菜时,她都把蔬菜拨到一边儿,趁着妈妈不注意,偷偷地把蔬菜扔掉。慢慢地,菲儿的身体出现了不良的症状:大便干燥、消化系统紊乱、皮肤粗糙、肤色暗黄、头皮屑增多、掉发严重、记忆力下降、精力不集中,没有了少年儿童的活泼与朝气。

妈妈感到吃惊

妈妈赶紧带菲儿到医院检查,经过仔细检查后医生告知:菲儿是严重缺少维生素造成的身体各项功能紊乱。妈妈吃惊了!因为每天的饮食搭配妈妈还是很注意的,为了保证孩子身体健康发育,每一餐都是荤素、粗细粮食配比,蔬菜水果一顿不少。经过医生耐心询问,菲儿才开了口。她惭愧地承认了每

 恐惧心理

次都是趁妈妈不注意时偷偷把蔬菜扔掉,已经持续有五个月的时间没吃蔬菜了。

恶心的场景

事情的起因竟是半年前菲儿随妈妈去郊外农家院游玩,当时住在农家院里,恰好看到农民伯伯给蔬菜施有机肥(动物的粪便),由于夏天天气热,肥料里面生了好多的蛆在地里蠕动着,有的蛆还爬上了菜叶子,眼前的情景让生活在城市里讲究卫生的菲儿感到阵阵恶心,她不敢想象自己吃的蔬菜竟是这样子生长的。闭上眼,满脑子都是爬满了蛆的蔬菜被自己吃到肚子里,越想内心越充满了恐惧。从此菲儿再也不吃蔬菜了。

 解决方法

心理导航

了解真实情况后,妈妈立刻带她找心理专家咨询治疗,心理专家认为:菲儿对肥料里的蛆产生了恐惧心理,由于年龄小,对于事物只是直观的解读,而不能自行化解,需要及时地进行心理调节。

深入浅出地讲解

营养医生结合蔬菜图为菲儿认真地讲解,从蔬菜种植、培

养、浇水、施肥、除草、除虫到蔬菜收获、运输、分装整理、上市,再到进入千家万户后的清洗、加工、制作过程;同时详细地讲解了各种蔬菜所含营养价值、人体每天所需的各种维生素和其他营养物质等科普知识。通过讲解使菲儿全面地认识到了蔬菜的生长和清理每个环节都是科学的,并不是自己看到和想象得那么恐怖、不讲卫生。况且蔬菜是人体生长不可缺少的,对儿童发育有着举足轻重的作用。

医生明确指出菲儿出现的身体异常与长期不吃蔬菜有直接关系,这样下去会影响身体发育,同时还会引发其他方面的疾病,甚至会导致严重的后果。每天要吃400~600克新鲜蔬菜,才能满足人体生长的需求。

关于蔬菜的大讨论

妈妈及时与老师交换了意见,细心的老师在班里开展了一个健康与蔬菜的大讨论。同学们从网上下载了很多资料,共同探讨蔬菜与营养、蔬菜与健康的话题,通过集体互动活动,菲儿认识到蔬菜对身体的好处,也明白了有机肥对植物生长的必要性。

挑选清洗蔬菜

为了让菲儿能真正接受蔬菜,减缓因施肥造成的心理阴影,妈妈每天带着菲儿去菜市场买菜,让菲儿跟卖菜的叔叔阿姨聊天,从采购蔬菜的角度去了解蔬菜的清理过程。

使菲儿明白了蔬菜是通过根系来吸收肥料的,经过光合作用和土壤的转化,蔬菜吸收了肥料里的营养,不断地生长,直到长成优质菜品。回到家里,菲儿帮妈妈择菜、清洗蔬菜,经过自己亲手挑选和清洗的蔬菜,让菲儿觉得很干净。

亲手种植蔬菜

妈妈不断变换着蔬菜的烹饪制作,煎炒烹炸,有时还把蔬菜加工成汤汁,让菲儿每日进食的蔬菜量能够得到均衡的补充;爸爸买来了菜籽和化肥,带着菲儿在阳台开辟了一处"蔬菜角",种下了韭菜、蒜苗等时令蔬菜,吃着自己亲手种植的菜,每一口都是香甜的。

心理专家提示

儿童天生胆子小,对外观的不洁之物(虫子、蛇、蟑螂、老鼠、粪便、蚯蚓、蝎子等)非常敏感,特别是亲眼见到的"脏物",往往会产生心理恐慌症状,应该引起重视。社会、家长、老师都要注意孩子的心理变化,家长应尽可能地关心和引导孩子,并积极地为其创造一个好的环境,引导孩子,耐心地帮助他们渡过难关。

九、握手带来的恐慌

案例

参加生日聚会

小艾上小学六年级,是个开朗、乐观又热心的女孩子,在班里的人缘极好,深得老师同学们的喜爱。周日她应班里好朋友的邀请,来到同学家参加生日聚会,给小艾开门的是同学的表姐夫,彼此介绍后,表姐夫热情地与小艾握手,并把自己从国外带回来的礼物送给了小艾,面对热情的表姐夫和精致又新奇的礼品,小艾特别开心。在聊天中小艾得知表姐夫是因公出差到非洲某个国家,同学们对非洲既陌生又向往,纷纷提出了很多稀奇古怪的问题问表姐夫,大家围坐在一起说笑着,很是热闹。

当头一棒

回到家里,小艾边听新闻广播边欣赏着来自非洲的礼物。

 恐惧心理

无意间,小艾听到了一条关于艾滋病的统计数据,而排居首位的正是表姐夫出差所到的国家,小艾顿时感觉当头一棒,表姐夫和自己握手会不会携带艾滋病毒,传染给了自己?自己会不会传染给家人、同学?自己还能活多久?她下意识地扔掉了手中的礼物,呆坐在沙发上,头脑一片空白。

之后的小艾像变了一个人似的,没事有事的总是洗手、洗澡,周末在家休息时总是无精打采、心事重重的。在学校上课,精力不能集中,无法正常听讲,写作业也显得烦躁不安。小艾经常找借口躲着曾经最要好的同学,特别是所有参加过生日聚会的同学们。对于小艾的变化,大家都不得其解。于是,妈妈带她去医院看了心理专家。

 解决方法

心理导航

心理专家运用音乐疗法,让小艾舒服地平躺在躺椅上,播放着带有海边、沙滩、阳光、椰树画面的音乐,小艾闭着眼睛听着舒缓的乐曲,随着指导语的引导,自己仿佛置身于柔软的沙滩上,身上沐浴着暖暖的阳光,听着海浪轻抚沙滩的声音,轻松、惬意的感觉油然而生,一直在内心的恐惧、害怕悄然无息了。

原来，小艾曾经看到过患艾滋病患者的画面：人瘦得皮包骨，还具有传染性。所以当小艾接触到从非洲带回来的礼物时，立刻想到了疾病的传染，这个念头在她心里无数次被强化、被放大。甚至小艾都想到了自己病入膏肓时的丑陋样子，内心充满了恐惧，无助感、无力感在身体里蔓延。

科普知识，纠正误区

心理专家详细地为小艾讲解了艾滋病毒的相关知识，并告诉小艾艾滋病毒只是通过血液传播、性传播、母婴传播，握手根本不会被传染，没有想象的那么可怕。在日常生活中要洁身自爱、注意身体健康，杜绝接触传染源，是完全可以避免被传染艾滋病的。艾滋病的治疗国家有系统、专业的机构，很多志愿者都积极参与其中，加大了对艾滋病的预防、治疗等宣传力度。

现代医学日趋发达，对于以前很多难以攻克的病毒都在进行着研究。期待不久的将来可以通过口服药物、注射疫苗等简易方式来预防疾病的发生。

现身说法

表姐夫知道此事后，专门找到小艾，介绍了自己的工作环境是安全卫生的，单位每年的体检报告中并没有检查出艾滋病

 恐惧心理

毒。同时，表姐夫还给小艾带来了从网上下载的相关资料，让小艾更多地了解到艾滋病的传播途径、预防措施、治疗方案。还有很多社会爱心人士为预防艾滋病无偿宣传、做"红丝带"的志愿者。当看到各国领导人和艾滋病患者握手的视频时，小艾一颗悬着的心终于放了下来。

她开心地把表姐夫送给她的"非洲礼物"摆在了自己的写字台上，每天写作业时都能感受到来自非洲的"气息"。终于，小艾的生活学习又恢复了正常，通过握手带来恐慌这件事，让其他同学也对艾滋病有了正确的认识。

心理专家提示

随着传媒渠道增多，儿童每天接收的各种信息也成倍地增大，由于知识水平有限，理解问题能力不强，不能用科学的态度对待新事物，对一些恐怖的传染性疾病很恐惧，加上卫生防疫知识又少，甚至有的根本一点儿也不知道，对卫生科普知识没有足够的重视，希望家庭、社会要认真地开展这方面的宣传与教育。

十、人小补品多

案例

书包里的补品

爸爸陪晓杰整理书包,没想到却从书包里发现了很多高级的营养补品:西洋参含片、人参蜂王浆口服液、巧克力等。爸爸感到莫名其妙,在追问下晓杰不好意思地承认了这些补品的来源。有的是用自己的压岁钱买的,有的是向爷爷奶奶、姥姥姥爷要来的。

爸爸求证

为了了解真相,爸爸给晓杰的爷爷、奶奶、姥姥、姥爷打了电话,老人们都说最近晓杰总说自己感觉乏力,不舒服,没有精神,说是要增强自己的免疫力。不明真相的老人们没有过多询问,也没有觉得事情有什么异常。

经过妈妈的盘点,发现晓杰的压岁钱也少了1000多元,

 恐惧心理

妈妈怀疑是晓杰参加同学的生日聚会,要给同学买礼物。补品的来源得到了证实,可是晓杰为什么要花费"巨资",冒着撒谎的风险来购买这些补品呢?

事情的来龙去脉

爸爸妈妈带着疑问,邀请晓杰参加家庭会议。经过一家人的认真谈话,爸爸妈妈终于了解了晓杰购买营养补品的真实原因。原来,晓杰近期在早晨醒来时总发现自己的被褥有湿漉漉的印痕,貌似是阴茎里冒出来的白色黏稠物,当时吓了他一跳,以为自己得了什么病。后来跟要好的同学沟通才知道自己是遗精了。同学以"过来人"的姿态告诉晓杰,精子是人的精华,比鲜血还要珍贵,所以,不能让精子丢失,失去的要想办法补回来。听了同学的玩笑话,晓杰信以为真,开始想办法买补品,急着要把丢失的精子补回来。

 解决方法

心理导航

进入青春期的孩子在生理、心理上都会有很大的变化,如果不及早对他们进行生理卫生知识的普及,很容易让孩子对自己的身体变化产生莫名的心理恐慌。原本正常的身体发育,被

039

一些没有科学依据的传说替代，如果不及时纠正错误，改变思想，不仅会对身体造成一定伤害，还会因此让孩子背上沉重的心理包袱。

专业人士讲解

爸爸妈妈及时带晓杰找到了青少年心理卫生中心的专家，心理专家详细地给晓杰上了一堂生理知识普及课。讲解青春期卫生知识，男性生理、心理发育的特点，精子的形成过程、主要成分，遗精期间的饮食调整和搭配等。消除了晓杰很长时间的心理恐慌和精神压力。通过专业人士的讲解，晓杰知道了遗精是正常的生理现象，是男性第二特征的发展，它标志着自己已经成为真正的男子汉了。

父母的关爱

针对这次"小波折"，爸爸妈妈深刻地反思了自己的过错，由于平时忙于工作，疏忽了对晓杰身体乃至心理的关注、管教与引导，很多时候把晓杰安排在爷爷奶奶家，隔代之间缺少情感的交流与沟通，造成晓杰心理闭锁。为此，爸爸妈妈调整了工作与家庭生活的侧重点，每周都安排时间陪伴晓杰，带着他去游泳、打球、看电影、欣赏画展，业余生活安排得丰富多彩。有了父母的陪伴，有了积极乐观的心态，晓杰恢复了往日的快乐，尽情享受着生活的美好。

心理专家提示

青春期教育应该引起家长、学校的重视。有些男孩子由于缺乏心理准备,当第一次遗精时,会出现恐慌、害怕、不知所措的心理,容易引起联想与精神紧张,造成极端的问题发生。家长应该根据孩子的发育特点,有针对性地给孩子进行恰当的青春期教育,让孩子了解青春期的发育特征,学会用健康、有效的方式处理青春期带来的生理变化,用积极的心态调整自己。

焦虑心理

焦虑心理是指预感到似乎将要发生某种危险或不利情况而自己又难以应付而产生的精神压力。过度焦虑会使人失眠、坐立不安、恐惧惊慌、浑身难受、呼吸困难、肌肉擂动、血压升高，甚至会感到心要跳出来。有的人还有出汗、肚子疼痛、尿多、心烦意乱、不愿见人、注意力不集中、哭闹不止等症状。如果焦虑得不到及时控制，会引发精神疾病，造成不可挽回的悲剧。

焦虑心理与儿童的性格特征、情绪特点、成长环境、家庭与社会教育等因素有关。患有焦虑心理的儿童大多懦弱、胆小、多疑、敏感，缺乏自信心，且自尊心又很强。还有一个很大的诱因是，从小备受家庭宠爱的孩子，一旦遭到挫折，也会诱发此病。

家庭、学校、社会对儿童焦虑心理不能忽视。一要端正对焦虑心理的认识，弄清发病原因，增强孩子的心理承受能力。让孩子懂得过度焦虑解决不了任何问题，只会徒增烦恼，只有踏踏实实地做好每件事情，问题才能得到解决。二要根据儿童的实际情况，合理地提出学习和行为方面的要求，帮助儿童克服困难，养成遇事不慌、沉着冷静的处事态度。三要帮助孩子学会自我安慰、自我暗示。当预感到要发生问题时，要控制自己的情绪，警告自己不要往坏处想，想也没有用。四要帮助孩子放松心情，敢于宣泄自己的情绪，把压抑的原因和内心秘密向知心朋友说出来。五要让孩子参加社会活动，找一些有意义的事情去做，分散注意力，减轻焦虑心理。

十一、不想做别人家的孩子

 案例

性情大变的皮皮

最近妈妈发现儿子皮皮的性格发生了很大变化,以前皮皮的性情平和、学习成绩稳定,经常邀请同学来家里一起写作业、玩游戏。可现在的皮皮动不动就大发脾气,作业写不好把整个本子都撕掉、饭菜不可口转身就走、每天早晨起床要妈妈不停地催促、很长时间都没有同学来家里了、每次去课外辅导班都要跟爸爸妈妈大吵一通。

老师的反馈

妈妈及时找到班主任想了解皮皮在学校的表现。班主任老师很中肯地向妈妈反馈了皮皮最近的变化,皮皮的学习成绩在班里忽上忽下,非常不稳定,上课常常走神,对老师的课上提问不积极,写作业拖拉磨蹭,经常不能按时交作业。跟同学的相处很不融洽,一个人独来独往,几乎不参加任何集体活动。

 焦虑心理

摆沙盘找问题

爸爸妈妈带着孩子找到了心理专家,针对皮皮的表现,心理专家带着皮皮来到沙盘室,希望通过沙盘疗法找到孩子变化的背后原因。

在沙盘道具中,皮皮摆放了一个拿着酒壶的青年男子,在周围又摆放了花草、几个玩耍的孩子,忽然他把花草和玩耍的孩子都弹出了画面外,只剩下一个饮酒的人独坐。心理专家问皮皮为何把其他道具都撤掉,皮皮低声说不想跟别人家的孩子在一起。

症状背后的原因

为了让皮皮接受更好的学习教育,妈妈私自做主给皮皮转了学校。新的环境、陌生的面孔让皮皮不适应,更让皮皮不能接受的是学习成绩上的落差。在以前的学校皮皮经常得到老师的表扬,同学们都喜欢跟自己玩,而现在每次测验,妈妈都对皮皮的学习成绩不满意,常常把皮皮跟自己同事家的孩子做比较,这让皮皮心里特别不舒服。为了提高学习成绩,妈妈给他报了三个补习班,双休日皮皮不情愿地辗转在各种辅导班的路上,没有自己的时间。新环境的不适应、学习成绩的下降、妈妈的比较、辅导班的劳累让皮皮很焦虑,他不想辜负爸妈对自己的期望,也不希望成为别人家的孩子,更想不出办法改变现状,于是只能靠发脾气向妈妈表达不满。

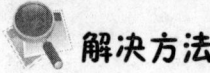 **解决方法**

心理导航

当一个人的生活环境、活动轨迹发生改变时，很容易会出现一些难以预料的问题，当多种负性事件叠加在一起时，需要有足够强大的心理承受能力，引导自己渡过难关。但是儿童年龄小、心理不成熟、承受力差，需要家长的细心观察和耐心帮助，否则很容易导致儿童产生焦虑，焦虑严重的还会伴有一定程度的强迫行为。

痛心领悟，及时改变

当妈妈知道了原因后，痛心不已，没想到自己的主观武断竟让皮皮承受了这么多的痛苦。

为了减轻皮皮的学习压力，妈妈取消了三个辅导班的学习。由爸爸妈妈分工，每天晚上对皮皮进行半小时的学习辅导。周末则改成了皮皮最喜欢的绘画辅导班。有时一家人去做自己喜欢做的事情：健身、欣赏音乐剧、参加公益活动等。

妈妈把以往"看别人家谁谁谁"的句式改成了"看我家的皮皮"。鼓励、肯定的话语让皮皮找回了自信，他终于不用再成为别人家的孩子了。

 焦虑心理

新旧友谊都不忘

在爸爸妈妈的鼓励下,皮皮联系了以前学校的同学和老师,重返校园,回忆往日的点点滴滴。更让父母欣慰的是,皮皮在新学校的表现有了很大进步,新同学会经常来家里,大家相处融洽。在一次集体活动中,皮皮主动提出帮助同学,班主任老师为此表扬了他。皮皮的学习成绩也有所提高,还参加了学校组织的数学竞赛。

皮皮再也没有无故地发脾气了,一切又恢复了正常,大家心里都如释重负。妈妈深深知道:别人家的孩子不一定比自己家的皮皮好。

心理专家提示

每一个人都是独立的个体,作为家长要允许自己的孩子跟别的孩子不一样。给孩子自己的空间,既要让他们自己做决定和选择,又要尊重他们的决定和选择。家长可以给予指导,提出建议,切忌代替孩子做主。焦虑背后往往是孩子对家长反抗的无力感。作为家长,要协助孩子渡过人生的每一个难关,而不是取而代之。

十二、焦躁不安的背后

案例

妈妈的担心

依依生活在单亲家庭,从小与爸爸相依为命,因此她对爸爸的感情特别深。最近不知为什么她忽然变得焦躁不安起来,看上去总是担心什么。上课时心不在焉,回答问题经常文不对题,精神状态很差,没有了以往的活泼。妈妈来看依依时发现了这些情况,但无论怎么问,依依都不肯说出原因,妈妈开始担心了。

绘画初露端倪

为了帮助依依,妈妈带她找到心理专家。考虑到依依不太愿意与人交流,心理专家让她随自己的心意在纸上涂鸦。开始,依依画了一团很乱的线团,之后又在纸上画了一辆汽车,车里坐着一个拿着酒瓶的男子。

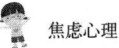 焦虑心理

经过心理专家耐心的引导,依依说出了埋在心底的种种担心与焦虑。爸爸是一家私企的高层管理人员,经常有饭局应酬,每次饮酒后为了逃避酒驾检查,爸爸都要等到酒醒后才回家。依依经常一个人边看电视边等爸爸回来,有一次电视里正在播放酒驾引发的交通事故,事故现场血迹斑斑,司机重伤,被撞的行人当场死亡。一瞬间依依感到一丝凉气,她马上给爸爸打了电话,嘱咐爸爸开车一定要注意安全。从那以后,只要爸爸有应酬,依依就异常地担心、害怕,担心爸爸开车会撞到行人,更担心爸爸会被撞伤。这样的情绪持续了很长时间,严重地影响了依依的睡眠,导致她的气色越来越差,特别容易焦躁不安,非常没有安全感。

 解决方法

心理导航

心理专家认为:真实事件的刺激导致了儿童对相同情境的过度担心与焦虑,虽然这种焦虑、担心的事情不会发生,但儿童还是不能避免地进行联想,很多想象都是负面的内容,让心理还未成熟的儿童承受了很多的精神压力。需要及时采取措施帮助孩子,避免造成不可挽回的性情改变。

交警教育

交警叔叔严厉地批评了爸爸,对其实施了相关处罚,并限期让其拿出整改措施和保证书。醒酒后开车是否安全?因为人体存在差异、酒精度数不同,目前还很难有统一的标准。所以等醒酒后再开车并不安全,更不值得提倡。作为驾驶员,一定要杜绝侥幸心理,既要为自己也要为他人的安全考虑。

爸爸改正

爸爸得知因为自己的不负责任给女儿带来了严重的心理负担后,非常后悔。他向女儿保证以后一定做到"喝酒不开车,开车不喝酒",并请女儿进行监督。为了能有更多时间陪伴依依,爸爸推辞了很多不必要的应酬,每天都能按时回家,与依依一起共进晚餐,一起讨论感兴趣的话题,即便偶尔饮酒应酬也会找代驾,再没有出现过酒后开车的情况了。爸爸的这些改变让依依感到了安全,不再有焦虑和担心了。

妈妈的照顾

为了缓解依依的焦虑,妈妈经常过来陪伴女儿,周末还会跟爸爸一起带着依依一家三口去游乐场游玩,去看望外公外婆,安排下一次的团聚,让女儿享受着来自父母双方的关爱。

经历了这次事件后,依依又开朗快乐起来了,她还自愿加入了学校的心理志愿者小组,为更多的同学提供心理帮助。

心理专家提示

单亲家庭的孩子对父(母)的情感有更多的依恋,在他们内心,不希望父(母)任何一方有意外发生,因此,父(母)要多了解孩子的内心世界,了解孩子的心理特点,给孩子更多的情感回应,多向他们表达自己的爱。只有内心丰盈、安全感十足,才不会被焦虑打败。

十三、课外班带来的"病痛"

案例

上不完的课

刚刚上小学一年级的小胜被课外班搞得闷闷不乐。因为爸爸妈妈深信"不能让孩子输在起跑线上",他们除了给小胜报文化课的辅导班以外,还不顾小胜的喜好给他报了跆拳道、书法、声乐班,希望自己的孩子文武双全,多才多艺。每到周末,爸爸妈妈就陪着小胜辗转在各个辅导班之间。

以前的周末总能让小胜充满期待,那时的他可以自由安排时间跟小伙伴去草地里捉虫子,还能上树逮知了,更喜欢陪爷爷去湖边钓鱼,而现在每周末除了上课还是上课,上不完的课让他感到度日如年。

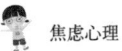 焦虑心理

规律性疼痛

忙碌了将近一个学期后,小胜的成绩没有明显提升,反而身体却出现了不适。每到周末早晨他都会规律性地肚子痛,头冒冷汗。课外班的课程因此落下了不少,不得不暂时中断。除了上课外班出现过肚子痛的症状外,其他任何时候小胜都好好的。爸爸妈妈开始不相信小胜,认为他是为了逃避上课而撒谎,但是当爸爸妈妈看到小胜痛苦的样子时,担心孩子的身体真的出了问题。

解决方法

心理导航

经过医院的检查,确诊小胜并没有器质性的病变,这样的疼痛是因为心理因素导致的,痛起来也是真的痛。心病还需心药解,过重的学习任务让小胜不堪重负,精神压力最终经过神经系统传导,造成了躯体反应。要及时改变学习方式,减缓焦虑情绪,否则容易造成慢性身体疾病,错过最佳治疗时机。

爸爸妈妈的检讨

爸爸妈妈感到了问题的严重性,也认识到了自身存在的错误观念,他们坦诚地向小胜承认自己的主观武断,没有尊重小胜的意愿。希望一家人一起努力,彼此陪伴,共同面对,战胜生活中的各种困难。

相互尊重,喜迎硕果

在重新安排课外班的事情上,小胜也虚心听取了爸爸妈妈的建议,把自己认为需要补习的语文课外班放在了首位。另外,根据自己的兴趣爱好,保留了跆拳道。

兴趣是最好的老师,在跆拳道的学习中,不管多苦多累,小胜都能坚持,出勤率最高、基本功最扎实,晋级最快,他的出色表现赢得了大家的尊重,被教练选中代表团队参加了市级比赛,获得了团体二等奖的好成绩。

课外生活丰富多彩

没有了课程的追赶,小胜又能和小伙伴们在一起开心地体验生活了。在小区的绿荫下畅谈未来、在学校的操场上踢球、在安静的图书馆里查阅资料。

通过跆拳道的学习,小胜还掌握了很多科学的健身方法,

身体越来越强壮，再也没有出现过因为学习压力而导致的肚子痛。每一天都在快乐、开心的氛围中学习与生活。

心理专家提示

孩子需要轻松自由的空间，他们更喜欢亲近大自然。在教育孩子的问题上，不要拔苗助长，更不能把家长的主观意愿强加给孩子，给孩子带来不必要的焦虑和紧张情绪。希望年轻的爸爸妈妈们多了解儿童的心理特点，及时帮助孩子寻找真正属于自己的乐趣。

十四、青涩的懵懂

案例

家教带来的变化

为了让一鸣考上心仪的中学,妈妈专门为他请来了家庭教师——一位刚刚升入大二的女生,不仅人长得漂亮,还非常有耐心。对一鸣提出的各种问题都答而不厌,有时还给一鸣讲很多大学们的生活趣事。在漂亮的家教面前一鸣出奇地听话,有时还显得不好意思。经过一段时间的辅导,一鸣的学习成绩有了很大进步,同时进步的还有他的个人卫生,从来不注重外表的他,变得爱干净了。

家教离开的变化

当一鸣以优异的成绩考上重点中学,家教便完成了辅导任务,和一鸣一家人告别了。自从家教离开后,妈妈觉得一鸣的脾气变得有些烦躁,有时坐立不安的,也不再关注个人卫生,

 焦虑心理

学习成绩明显下滑,经常患得患失。

自由联想呈现难言之语

爸爸带一鸣找到心理老师,心理老师引导一鸣做了深呼吸,放松身体后开始了自由联想:一鸣把自己的情绪想象成一个大自己几岁的女孩,一个若即若离、漂亮温柔的女孩,看不清、摸不到,只有婀娜的背影背对着自己。

升入中学以后,一鸣有些不太适应新的环境,同学之间不怎么熟悉,当孤独寂寞袭来时,他开始怀念有家教姐姐陪伴的日子。也许是青春懵懂的羞涩,也许是豆蔻年华的荷尔蒙使然,一鸣开始对家教姐姐朝思暮想,越想越睡不着,严重失眠;越想越急躁,脾气变得越来越不受自己控制。很长时间一鸣都在想与不想之间挣扎着、纠结着。

 解决方法

心理导航

心理老师告诉家长,一鸣正值青春期,面对漂亮、温柔、有耐心的家教老师,内心产生了倾慕之意,情愫暗生,又无法对人言说,从而产生了焦躁、情绪不稳定等表现。需要家长正确引导,为孩子树立正确的恋爱观、明确爱与

喜欢的区别。

学校引导

老师结合语文课本中关于爱情内容的一篇文章,给同学们详细地讲述了爱情的条件、爱情的发展、爱情的观念、爱情的经营,古今中外对爱情的赞美,青春期该如何处理恋爱问题等,让同学们深刻理解了爱情的真谛。

家庭辅助

妈妈爸爸调整家庭生活规律。根据一鸣的学习进度适时安排爬山、旅游、健身锻炼等有氧运动,充分释放一鸣体内的荷尔蒙,让一鸣的业余生活丰富多彩,感受着来自父母的关爱。

转化与升华

一鸣喜欢航模,爸爸就经常带他去参观、学习有关航模的展览,参加各种级别的航模比赛。妈妈利用出差的机会给一鸣带来最新的中外航模材料。在爸爸妈妈的支持下,一鸣在航模比赛中获得了大奖,为学校、为全市争了光。

一鸣和同学们积极备战"环保辩论会",会上踊跃发言、机智辩论,得到同学与老师的肯定,让他找到了自信,充实的生活让一鸣渐渐淡忘了家教姐姐,不再失眠,乱发脾气,恢复

了往日的生活。

心理专家提示

　　青春期的学生心理变化比较复杂，对于爱情比较朦胧，特别是独生子女，由于在家庭生活中无法与人真正地交流，缺少温暖，比较孤单，没有什么寄托，孤独感强烈，在特定的环境下，容易被异性吸引。老师、家长应该引起高度的重视，在生活、学习，兴趣培养上多留心，注意孩子的表现。特别是家长给孩子请家庭教师时，更要注意孩子的心理变化，及时、正确地引导孩子度过"危险的青春期"。

十五、暴饮暴食有原因

 **案例**

食欲大增

上小学四年级的佳佳每天放学回到家里,总是狼吞虎咽地吃面包、饼干、巧克力等各种零食,就像几天没有吃饭似的。以前的佳佳身体瘦弱,吃饭爱挑食,看着她每天食欲大增,妈妈颇感欣慰,再也不用担心女儿营养不良影响身体健康和发育了。

状况频发

虽然现在佳佳吃得特别多,但是妈妈发现她并没有长高长胖,总感觉佳佳心神不宁,每天写作业之前一定要大吃一顿,而且写作业经常磨蹭、拖延,作业的错误也很多。

妈妈专程到学校找老师了解情况,老师反映佳佳的学习成绩下降了,课上听讲注意力不集中,课堂作业总是不能按时交。建议妈妈带佳佳去看心理专家。

 焦虑心理

寻求心理帮助

心理专家让佳佳听了一曲轻柔的音乐，并引导她把内心的声音喊出来。终于佳佳吐露了她暴饮暴食背后的原因。

升入四年级以来，功课比以前难了，作业也多了很多。在一次测验中，佳佳的英语没有及格，老师点名批评了不及格的同学，作为学习委员的佳佳顿时想找个地缝儿钻进去，她无法接受自己身为学习委员，考试却不及格的事实。晚上回到家里，看到了茶几上的巧克力便吃了起来，顿时感觉自己沉重的心情缓解了一些。从那以后，放学回家吃东西成了佳佳雷打不动的模式。而且越是情绪不好的时候吃得越多，明明已经吃饱了还是控制不住地去吃喝，感觉只有大吃一顿才会让自己的心里舒服一些。

 解决方法

心理导航

心理专家认为，学习课业对佳佳造成了心理负担，英语不及格的事情导致她认为自己丢了面子，加重了对学习的焦虑情绪。通过吃东西来缓解情绪不是不可以，但如果暴饮暴食就需要引起家长注意了，吃得过多也是一种心理不正常现象。

对症"下药"

了解到事情真相，心理专家教给佳佳一个控制自己不乱吃东西的简易办法：把扎辫子的橡皮筋套在自己的手腕，每当自己冒出想要吃东西的想法时，就把橡皮筋拉长，弹回来的橡皮筋会让自己感觉到疼痛，这种疼痛会让自己清醒、理性，也就很容易控制自己贪吃的欲念了。佳佳愉快地接受了这个好办法。

来自老师的鼓励

老师对佳佳的情况很重视，对学习委员的工作给予了肯定，并结合真人真事给佳佳的心理负担适时解压，告诉她：一次英语考试不及格说明不了什么，可以通过自己的努力来提升学习成绩，用事实证明自己的实力。另外，学习委员也要全面发展，除了学习成绩要好，其他方面也要给同学们做出榜样。真正优秀的人都是德才兼备的。遇到问题不可怕，可怕的是不会解决问题。要提高解决问题的能力，有了能力，再大的压力都不怕了。

提升学习

征得佳佳的同意，妈妈给她报了英语辅导班，每周六都会陪伴佳佳。经过一段时间的辅导，佳佳的英语成绩有了很大进

 焦虑心理

步，在补习的过程中她还对英语口语产生了浓厚的兴趣。妈妈专门为佳佳购买了口语训练材料，一家人还经常看原版的英文电影。很快佳佳的英语成绩在班里名列前茅，还代表学校参加了英语竞赛答题，她标准的英文发音和敏捷的思维得到了评委老师的认可。

如今的佳佳饮食正常，学习开心，每天都在快乐中度过。

心理专家提示

小学生的心理问题往往表现在行为方面，需要家长、老师的细心观察，发现问题及时解决。作为家长要多掌握儿童心理发展与成长的知识，用科学、有效的方法帮助儿童渡过难关，教会他们解决问题的办法。

十六、不停地买彩票

 案例

热衷彩票

强子最近学习成绩下降非常快,而且上课时总是心神不宁、坐不住的样子。下课后与同学讨论最多的就是彩票的号码、选择的技巧、谁中了大奖等这些话题。放学也不及时回家,而是到附近的彩票销售点去与"高手"讨论,把写作业的时间都忘记了。不仅手里的压岁钱不知不觉花没了,而且还经常以各种借口向家里人要零花钱。

每期彩票开奖前,他总是把自己关起来,躲在屋子里神秘地算来算去,异常兴奋,不断幻想着自己能中大奖。

当彩票结果出来,发现没有中奖,后悔得不得了,嘴里不住地嘟囔着"亏了、亏了",紧接着沉默一两天,不愿意与同学们讲话,像是得了一场大病。就这样反反复复,持续了三个多月的时间。

解决方法

心理导航

老师及时地进行了家访，与强子的妈妈交换了意见。妈妈听完强子在学校的表现，想到最近强子在家的反常现象，感到孩子肯定有什么"心事"。在老师的耐心引导下，强子毫无保留地把自己最近的情况说了出来。老师认为强子因为迷恋彩票，导致过度期盼心理加剧，产生了焦虑情绪，必须及时调理。

了解彩票

爸爸妈妈认真地与强子进行了交流。妈妈从网络上下载了关于彩票的资料与强子一起学习、了解，使强子明白了彩票是一种公益性事业，并不是赌博，千万不能把它当作发财的出路，靠彩票发财的机会很少。学生应以学习为主，公益活动多种多样，除了买彩票支持公益外，还可以做志愿者、给贫困地区的孩子捐款、捐物等，不应该把精力放在买彩票上，更不能幻想彩票中奖发大财。

交流体会

爸爸请来几位有着多年购买彩票经验的朋友,他们根据经验和体会,跟强子做了深入交流:甘愿奉献。买彩票是为了支持公益事业,不需要任何回报,所以不能对中大奖过多在意和执着。量力而行,根据自己的经济条件,决定购买彩票的数量,不要为了顾及面子而逞一时之能。抱有平常心,不抱任何幻想,更不能有赌博的心理,如果把获奖当作唯一的乐趣和追求就会适得其反。作为学生,要以学业为重,坚决杜绝购买彩票的行为。

培养多种兴趣

妈妈根据强子爱动脑筋的特点,给孩子在少年宫报了象棋班,在辅导老师的指导下,强子一下就喜欢上了象棋。在不断学习中,强子的棋艺飞速提高,在各项棋艺比赛中多次夺得冠军。

现在他的性格变得很开朗,再也没有去买过彩票。同学、老师课余时间还经常向强子请教棋艺。通过学习,强子改变了不少,如今他更多体会到:学习、生活没有捷径可走,只有靠自己的努力才能真的"中大奖"。

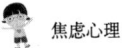 焦虑心理

心理专家提示

　　有些小学生辨别是非的能力差,迷恋买彩票,总认为买彩票能发财,所以总是抱着幻想的心理去购买,这种"贪欲"心态十分危险,影响学习与性格的发展,特别是容易引发严重的心理问题,应该引起社会和家庭的重视,家长、老师应及时对其心理进行调节,主动与孩子交流,给孩子树立正确的人生观、价值观,让孩子知道幸福是怎么来的,知道学习的重要性。

十七、路霸的勒索

 **案例**

非要奶奶陪着睡

10岁的莹莹是非常懂事的孩子,在学校是大队长,邻居和老师都夸奖她,喜欢她。但是,莹莹最近不知道怎么了,总是心神不安,脸上的表情非常沉重。放学后还要同学陪她回家,慌慌张张的。上课不集中精力听讲,学习成绩下降非常快,吃饭也不香,身体很快消瘦下去。晚上睡觉经常说梦话,夜里醒来后大汗直冒,每天非要奶奶陪着才能入睡。

检查结果正常

奶奶担心孩子得了病,带着莹莹到医院检查身体,检查结果显示一切正常,只是近段时间休息不好,精神状态有些差,其他没有什么大碍。

老师陪伴谈心

莹莹的父母不在身边,奶奶只好到学校向老师求助,希望老师能够帮助莹莹,弄清情况。老师找到了莹莹,耐心地跟她谈心。首先肯定了莹莹关心集体,做事认真负责,随后温柔而坚定地指出了莹莹最近上课不专心听讲,作业错误率太高的问题。

莹莹惭愧地低下头,小声告诉老师自己每天都在担惊受怕中生活,从不曾对人说起过。

遇到了路霸

前不久在放学的路上,莹莹被一个气势汹汹的大男孩给拦住,向她索要过路费,突如其来的状况吓到了莹莹,她把身上所有的零花钱都掏了出来,战战兢兢地递给了"路霸"。没想到"路霸"竟然狮子大开口,让莹莹明天必须再拿100元钱,否则就会一直跟到家里,并恶狠狠地警告莹莹这件事情不能对任何人说,否则后果会很严重。莹莹非常害怕发生严重的后果,为了息事宁人,她背着奶奶拿出了自己的压岁钱给了那个"路霸"。原以为事情结束了,可没想到过了几天,又被"路霸"给拦住……每天在惊恐、害怕、无助中度日如年。

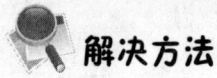

解决方法

心理导航

听了莹莹的遭遇后，老师觉得莹莹是受到了"路霸"的惊吓，导致她每天担惊受怕，精神紧张，因为害怕不敢对任何人说，让莹莹的内心备受煎熬，精神状态和身体开始出现了应激反应，影响到了正常的学习和生活。需要及时对莹莹进行心理疏导，避免更严重的情况发生。

及时报警

老师陪着奶奶和莹莹到辖区派出所报案，经过侦查，警察锁定了犯罪嫌疑人，并一举抓获了几名专门在学校附近敲诈勒索的"路霸"，让他们得到了法律的惩罚。

派出所还专门安排了民警，在学校上下学时间段进行巡逻，确保学生的安全。莹莹再也不用为上下学而担心了。

普法教育

老师邀请民警叔叔来到学校，为学生们进行法制宣传教育，并有侧重点地给学生们讲解遇到危险时如何求救、如何自救。警察叔叔还邀请了莹莹和同学上台为大家演示路遇歹徒时如何运用自卫防身术确保自己的人身安全，给同学们上了一堂

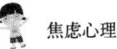 焦虑心理

生动而又充满乐趣的法制安全课。

妈妈来陪伴

为帮助莹莹尽快走出心理阴影，妈妈从外地专程赶回来陪伴她，每天回到家里有奶奶做的可口饭菜，还有妈妈亲密的陪伴，母女俩有聊不完的话题，很多内心的小秘密都可以对妈妈倾诉。莹莹又恢复了以往的活泼可爱。

心理专家提示

小学生对突发问题有时无法做出正确的分析与判断，而且容易造成严重的心理负担，家长、老师应该密切关注孩子的心理变化，发现异常及时加以处理。孩子遭到威胁，或者是其他突发事件，要及时向老师、家长报告，把真实的情况讲出来，而且越早讲，越有利于问题的解决。

十八、讨厌自己的妹妹

案例

种种反常

小秦的爸爸突然接到小饭桌阿姨打来的电话,说小秦已经连续两个中午都没有吃饭了,请爸爸多关注一下。爸爸不禁想起近来小秦的种种反常表现:每天放学回来小秦都以学习为由关上卧室的房门,经常是凌晨之后卧室的灯都还亮着。最近父子俩经常为了一些鸡毛蒜皮的小事大吵。经过爸爸与老师联系再次证实了小秦的变化:学习成绩下降了很多,经常一个人发呆,无精打采。面对即将到来的小升初考试,他表现得很茫然、很焦虑。

心理疗法找原因

爸爸带小秦找到了心理老师,希望通过老师的帮助尽快让小秦恢复正常,不要影响到他小升初的考试。

心理老师让小秦画一幅"房树人"的图画,通过对小秦

作画顺序的观察并结合画面布局，对画面内容进行积极联想，心理老师不断向小秦求证，很快找到了小秦变化的真实原因。

无处诉说的烦恼

小秦家里迎来了二孩——漂亮的小妹妹，但是小秦并不喜欢，甚至还有些讨厌这个刚出生的小妹妹。小秦感觉自从小妹妹在妈妈肚子里以后，妈妈对自己就不再像以前那样关心了，爸爸经常陪着妈妈跑医院，做检查。临产前爸爸妈妈回了老家，让爷爷来陪伴小秦，顿时让小秦有种"失宠"的感觉。就是在跟爷爷生活的这段日子里，小秦学会了上网点外卖，喜欢上了网络游戏。

爸爸妈妈带着妹妹回到家里，不分昼夜地围着妹妹转，喂奶、换尿布、打预防针，他们还经常幸福地说女儿是爸爸妈妈的小棉袄。小秦坚信是妹妹抢走了爸妈对自己的爱，更让他讨厌的是妹妹的作息时间竟然黑白颠倒，每到晚上就哭个没完没了。面对临近的小升初考试，小秦心里其实很没底，有很多忐忑和不安，可是爸爸妈妈只知道围着妹妹转；爷爷年纪大了，只会说"听话，好好学习"，没有人知道他的烦恼。讨厌的妹妹、临近的考试，种种焦虑让小秦不知怎么办。在网络游戏中可以暂时忘掉烦恼，不用去想这么多的烦心事。

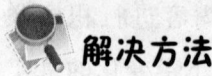 **解决方法**

心理导航

小秦的问题是因为二孩的出生,导致他无法接受父母多年的宠爱被妹妹分享,加之父母对二孩的关注过多,忽略了小秦的心理感受,让小秦产生了被冷落的感觉。小升初的压力、被迫改变的生活方式等让小秦产生了焦虑,引发了迷恋网络、性格孤僻等不良行为的发生,需要父母给予更多的耐心和关爱来帮助其改变。

爸爸妈妈的调整

小秦的变化竟是因妹妹的降生而起,这让爸爸妈妈始料不及。痛定思痛,爸爸妈妈调整了对孩子的关注度并进行了合理分工。妈妈在照顾妹妹的同时,每天都会安排时间跟小秦聊天,听他诉说心事和烦恼,有时妈妈会主动请小秦帮忙照顾妹妹。爸爸在电脑上找到了小秦小时候的照片和视频,看着小时候的自己跟妹妹一模一样,小秦开始不排斥妹妹了。为了冲刺考试,提高学习成绩,爸爸尊重小秦的意愿,安排了英语补习班,每周末由爸爸陪伴去补习英语。

当爷爷的老师

为了让隔代人的沟通更顺畅,爷爷主动请小秦当自己的网络

 焦虑心理

老师,闲暇之余,小秦教会了爷爷上网、微信聊天、转发视频和图片,现在祖孙俩也有很多可以沟通的话题了。在妹妹"百天"的纪念日,祖孙俩在网上给妹妹选购了一顶漂亮的婴儿帽。

小秦的变化

有了家人的关爱,小秦学习的动力倍增,在考试时超常发挥,顺利考上了自己心仪的中学。现在的小秦是同学们眼中的"炫妹狂",一有时间他就帮妈妈照顾妹妹,帮忙喂奶、陪妹妹玩,从心里喜欢小妹妹。因为妈妈说过自己和妹妹都是爸爸妈妈的小棉袄!一家人幸福地生活在一起,有爱才会觉得温暖。

心理专家提示

二孩家庭面临的问题是让老大做好充分接受弟妹的心理准备。老大由于多年独享父母的宠爱,很容易在弟弟或妹妹出生后误会父母偏心,从而心生怨气不愿意与弟妹一起分享,甚至产生焦虑,担心自己不被爸妈喜爱。如果不及时纠正这些误区,会加重儿童的焦虑,造成心理扭曲。父母要做的是一碗水端平,接纳每个孩子的优、缺点,及时帮助他们安然度过焦虑期。

十九、担心个子长不高

 **案例**

老师的电话

妈妈接到了老师打来的电话,反映军军最近经常不参加集体活动,特别是每天的早操,经常借口肚子痛不参加,但是上体育课时军军活蹦乱跳一点问题都没有。不知是什么原因导致军军不愿意做早操?

军军的烦恼

带着疑问,妈妈耐心地跟军军进行了谈话,终于得知了他不愿意做早操的原因。刚上一年级的时候在班里按大小个头排队,军军毫无悬念地排在了第一位,做了排头。原本很正常的事情,但随着年龄的增长和身体的发育,好多同学都长个了,在排队时大家自行进行调换,军军身后的同学换了好几拨,有的女同学的身高都超过了军军,唯独军军"稳

 焦虑心理

站"排头位置。调皮的同学经常拿军军不长个头的事情嘲笑他,还给他起了外号"小排头儿"。每逢站队,军军就会紧张,害怕听到同学喊他"小排头儿",内心备受煎熬,感觉很痛苦、郁闷。为了减轻自己的难受情绪,他开始回避需要站队的集体活动。

 解决方法

心理导航

军军因为身高的问题受到同学的嘲讽,致使自尊心受到伤害,出现了紧张、害怕、逃避等一系列焦虑症状,需要及时心理疏导,增强对事件的承受能力,否则长期生活在负性情绪中会影响今后的人格发展。

老师出面

私下里,老师找到几名给军军起外号的同学,对他们进行了严厉的批评。根据老师的要求,几个同学分别以短信的形式给军军发了道歉的信息。每天早操站队,老师主动站在军军面前,监督随便叫人外号的同学,陪大家一起做操。

正确看待身高

周末休息,妈妈陪军军去图书馆,查阅关于身高的相

关资料。通过详细了解，军军知道了每个人因为体质不同，身体发育有早有晚，特别是男孩子的发育期相对于女孩子而言会晚一些，不必为女生的个子超过自己而着急。个子高矮除了遗传基因，还有后天的锻炼，经过锻炼还有长高的可能性。

身高不是一个人成败的决定性因素，比如篮球运动员、军队的特殊兵种、模特等一些行业要求身材高大，但是杂技演员、飞机驾驶员等工作反而不需要身材高大的。高矮不是问题，问题是如何提升自己，让自己有扎实的功底、应对困难的强大心理。

加强锻炼

爸爸为军军办了一张游泳卡，每周坚持陪军军游泳，或是打球、登山、健走等有氧运动，让军军通过体育锻炼提高身体素质。经过系统的锻炼，军军的体质增强了不少，饭量也增加了，不再像以前那样挑食。爸爸还专门买来了测量身高的尺子，隔一段时间就为军军测量，记录着他身高的变化。

如今的军军已经不再是排头了，每天坚持做早操，跟同学们开心地在一起学习与生活，学习成绩在班里名列前茅。

心理专家提示

　　小学生进入身体发育阶段，会在意自己的外在形象。但是心理还未进入成熟阶段，外界的评判往往会影响儿童对自己的认同，积极正向的评判会增强儿童的自信，负面消极的评判会适得其反，导致儿童自卑。学校和家庭要注意儿童的情绪变化，及时发现并制止不良行为的发生，为他们的成长撑起一片天。

二十、当梦想遭遇现实

案例

备受头痛折磨

思琪最近备受头痛折磨,以致影响到了文化课和绘画班的学习进度。特别是每次测验或是考试之前头痛会更加重,思琪很着急,她不想因为身体的原因耽误学习。

辗转医院间

妈妈带着思琪去了儿童医院、专科医院,跑遍了各大医院,做了无数次检查,结果却出奇地一致:头部没有器质性病变。不过思琪的症状一直没有消失,也得不到缓解。在医生的建议下,妈妈带着思琪找到心理专家。

细说原委

心理专家让思琪做了几个深呼吸,放松身体后,思琪告诉

 焦虑心理

心理老师：自从转到小画室学习绘画之后，她才开始了无休止的头痛。以前在大班学画画，思琪常得到老师的表扬，说她有绘画潜能，作品比其他同学有创意，思琪以此为傲。思琪最大的梦想是成为一名云游各方的女画家，她一直朝着这个方向努力，主动要求妈妈给她转了小班画室。虽然小画室的学习氛围很紧张，但是老师的教学水平更高。令思琪没有想到的是老师留的绘画作业非常多，有时候她要画到半夜。为此，思琪偷偷哭过几次，不想这么辛苦，但又不愿放弃梦想。每次想到这些头就痛得厉害。

 解决方法

心理导航

听了思琪的诉说，心理专家认为思琪的头痛是因为过度焦虑导致的，梦想与现实的差距，对学习成绩提高的渴望让她充满了焦虑，这些心理问题短时间内得不到解决，就以身体不舒服的方式呈现了出来。

多次疏导缓解情绪

针对目前思琪的症状，心理医生建议妈妈每周带孩子来进行心理疏导，争取运用放松法、音乐疗法等多种心理治疗方式

打开孩子的心结,减缓身体的不舒服,减轻焦虑症状。

绘画老师的肯定

妈妈找到绘画老师,得到了老师的支持,在以后的课堂上,老师对思琪的画作经常提出表扬,有两幅画还参加了展览,让思琪重拾自信,更坚定了自己的梦想。

学会面对困难

爸爸专门给思琪下载了关于梦想的文章和为梦想不懈奋斗的事迹,让思琪了解梦想的路上不仅有荣耀,还有很多坎坷荆棘等待追梦人。梦想成真的真正意义是要学会迎着困难,战胜挫折。

旅游放松兼顾写生

为了更好地缓解思琪的头痛症状,爸爸妈妈带着思琪利用假期出门旅行,每次都带上画夹,走到哪里画到哪里。轻松地游山玩水,快乐地作画,思琪的头痛不再明显了。

经过多次心理疏导,思琪学会了"任何问题都有三个以上解决办法"的思维。现在她能平衡好梦想和现实之间的矛盾,充满了迎难而上的斗志。

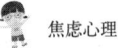 焦虑心理

心理专家提示

由于小学生对自身评价的不准确性,很容易出现"眼高手低"的现实问题,这时需要家长极度地耐心帮助孩子正确认识事物,教会他们解决问题的方式方法,切忌越俎代庖。授之以鱼,不如授之以渔。

报复心理

报复心理是发泄心中不满，故意对他人采取攻击的异常心理，是狭隘与自私自利的心理表现。报复心强的小学生，一般性格比较倔强，沉默寡言，或者在生活上、精神上遭受过重大打击。另外，与平时不爱学习、家庭不幸福、缺少父爱母爱、长期处于失"爱"状态有关。

少数小学生争强好胜，嫉妒心强，称王称霸思想严重，也是引发报复心理的一个关键因素。

报复心理的主要表现是，当个人利益受到侵害时，如同学学习成绩超过了自己、不和自己好了、被人欺负了、怀疑东西被人偷了等，就心怀不满，产生极端念头，采取对立态度，运用不同的方式去攻击对方，以解心头之恨。

小学生报复心理必须尽早消除，否则将会造成不可估量的严重后果。要克服报复心理，应该从三个方面入手：一是正确对待个人利益的得失，为人处世大度一些，看到同学的进步要高兴，与同学有了误会应及时交换意见。二是要学会与人沟通，遇到问题或难以解开的矛盾，应该主动与老师、家长、同学谈，千万不要采取过激行为。三是提高修养，加强学习，多读书、看报，多参加集体活动，多学习先进与英雄模范人物的事迹，不断净化自己的心灵。

学校、家庭要认真观察小学生的举止言谈，及时发现小学生的异常问题；要科学地帮助小学生学会自我调节，让小学生的不良情绪得到宣泄、化解，懂得如何去爱同学、爱社会、爱集体，培养健康心理，树立正确的价值观。

 报复心理

二十一、偷偷跟踪班长

 案例

班长路见不平

小硕同学平时很调皮,喜欢跟同学们闹着玩儿,遇事不能吃亏,一定要与人争个高低,同学们都不喜欢跟他玩。

一次在课下,小硕因为一点小事与女同学发生了争执,他说不过女同学,竟然动手打了人,还恶狠狠地威胁女同学不能告诉老师。恰巧这个情况被班长看到了,她及时批评了小硕。当时的小硕虚心接受了批评,表示改正,但唯一的请求是请班长不要把这件事情告诉老师,班长同意了。可没想到放学时老师还是把小硕叫到办公室,狠狠地批评了他,并准备家访。

偷偷尾随

被老师批评也就罢了,小硕最害怕老师家访时会把他欺负

女同学的事情告诉爸爸。一定是班长说话不算数向老师告的状,得给班长一点颜色看看,吓唬吓唬她。说到做到,第二天放学后小硕偷偷地尾随在班长身后,当班长发觉有人天天跟踪自己时,把这件事情及时向老师做了汇报。

 解决方法

心理导航

老师心里很清楚小硕的表现:当时因为受到批评,还要进行家访让小硕产生了害怕的心理,认为这一切都是因为班长告密造成的结果,心里充满了愤怒,敢怒不敢言,伺机要报复。这种狭隘的心理不及时纠正的话,很容易导致双方矛盾升级,造成难以挽回的严重后果。

解铃还须系铃人

老师把小硕、班长和体育老师同时请到了办公室。当听完体育老师亲口叙述当天他欺负女同学的事情后,小硕才如梦方醒,原来那天发生的一切都被体育老师看到了,并及时转告了小硕的班主任,所以并不是班长说话不算数。班长也很委屈,她告诉小硕自己一直信守当时的约定,而且看到小硕向同学承认了错误,还虚心接受了批评,就没有再追究这件事情。

真诚道歉

明白真相的小硕惭愧地低下了头,诚恳地给班长道歉,承认当时的自己是被狭隘的想法和报复心理冲昏了头脑,想尾随班长身后伺机报复,以泄自己心中的怨气,希望得到班长的谅解。

在老师的安排下,小硕、班长和被欺负的女同学三人结成了互助小组,由班长进行监督,随时关注小硕,对于小硕爱与人打闹的毛病,及时纠正他的行为。

家庭的力量

老师比较慎重地与小硕的家长进行了接触,经过双方坦诚交谈,争得了其父母的理解和支持。父母改变了以往简单粗暴的教育方式,变换角度,经常与孩子聊天,以心交心,主动给孩子讲革命英雄人物的故事、讲警察勇抓罪犯的故事、讲模范人物的先进事迹,使孩子知道了什么是英雄,什么是勇敢,什么是美,什么是丑;知道了怎样与人相处,怎样尊重他人、关心他人。

很快大家发现小硕有了很大变化,他开始知道处处礼让女同学,每天与同学们有说有笑,大家也都愿意跟小硕在一起玩了。在学校的安全小组里,小硕成为了安全骨干,经常主动提出护送远道的女同学回家，颇有男子汉的气度。

心理专家提示

同学之间、师生之间、家长与孩子之间、老师与家长之间，一定要多进行思想上、心理上的沟通，及时消除误会；老师和家长要善于发现学生内心世界的变化，及时引导孩子健康地成长。

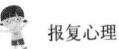 报复心理

二十二、阻挠妈妈再婚

 案例

恶作剧赶走妈妈的男友

木子的爸爸妈妈离婚了,他随妈妈生活,虽然还没有完全适应单亲家庭,但是妈妈无微不至的照顾让木子也能感受到家的温暖。因为知道妈妈的不容易,木子特别懂事,很多时候他对妈妈也特别照顾。不过,最近当有人给妈妈介绍男朋友时,木子的表现却有些反常。他一而再、再而三地恶作剧,把妈妈的男友赶走,这让妈妈很是懊恼,却又不知什么缘由。

家庭争吵带来阴影

妈妈带着木子找到了从事心理工作的老师,心理老师拿出一副塔罗牌,让木子洗牌、摆牌,并让他把每一张塔罗牌的画面串联在一起讲述一个故事。

木子陷入了沉思,讲起了自己的故事。从他记事起,爸爸

妈妈就开始了无休止的争吵。爸爸的脾气不好,怕吃苦不出去找工作,经常一个人借酒浇愁,有时借着酒劲上来还打骂自己和妈妈。

由于对爸爸的所作所为有了心理阴影,他担心妈妈找男朋友再婚后,还会遭到打骂,继续无休止的争吵。于是,在脑海里就不觉地产生了搞恶作剧,阻止妈妈找男朋友的想法。

 解决方法

心理导航

心理老师认为木子在父母的争吵中长大,他和妈妈长期遭受家暴,对男人产生了惧怕,通过恶作剧赶走妈妈的男朋友,间接地报复了"爸爸"。木子对家庭生活的认知和理解都是片面的、负性的,甚至惧怕未来的家庭生活,如果不及时对孩子进行心理疏导,会影响孩子的身心健康,甚至会影响到孩子未来生活的走向,失去对他人的信任。

妈妈的理解

得知事情原委的妈妈没有责怪木子,而是认真地与木子进行了谈话,希望木子能够和妈妈一起走进未来的家庭生活。并

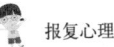 报复心理

向木子保证,即使是再婚,妈妈对木子的爱永远都不会少。以后木子可以在固定时间跟爸爸见面,妈妈交男朋友并不妨碍三口人的沟通和往来。

体验有爱的家庭生活

姨妈把木子接到她家住了一段时间,让他换个居住环境。在姨妈家木子看到姨夫很有修养、有学问,还亲自下厨做饭,帮助姨妈料理家务。听姨妈说肩颈酸痛,还主动、温情地给姨妈按摩肩背。特别让木子享受的是姨夫经常辅导他的功课,给他讲了许多有趣的课外知识,让他深刻体会到了男人也有柔情的一面。在姨夫的辅导下,木子的各门功课都提高了,在班里木子找到了自信,性格也变得开朗随和起来。慢慢地木子知道了并不是所有的爸爸(男人)都那么可怕,自己一定向姨夫学习,成为他那样对家庭、对生活负责任的男子汉。

"同病相怜"互交流

老师找到了班里一位与木子有类似情况的同学,让这位同学现身说法,跟木子交流重组家庭的幸福生活。同学说开始他也有跟木子一样的担心和顾虑,但是婚后继父对妈妈疼爱有加,买菜、做饭还有一些重体力活,都是继父抢着干,妈妈确实轻松了许多。而且继父对自己也很好,有时间带他去打球、蹦床,父子俩之间有很多沟通的话题,真正体验到了父爱。通

过和同学的一番谈话，木子的心情放松了下来。

寻求法律帮助

姨妈请来了居委会妇联主任，耐心地给木子讲了《妇女儿童权益保障法》，通过普及相关的法律知识，使木子知道了自己和妈妈是受法律保护的，任何人都不能随意欺负妈妈。

经过这些事情后，木子成熟了许多。他主动帮助妈妈分担一些家务，还学着姨夫的样子给妈妈按摩肩背。对妈妈的新男友也友善了很多，对自己的未来生活充满了美好的憧憬。

心理专家提示

对于"母子家庭"，特别是长期生长在"吵架"的恶劣环境中的孩子，孩子的心理会出现沉重的"包袱"，由于各方面的原因，孩子可能会过早地成熟，应该引起家长的高度重视，在心理上给予孩子更多关怀，多与孩子沟通。

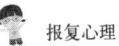 报复心理

二十三、椅子上"长"出的刺

案例

屁股被扎破了

叶子今年 12 岁,在班里学习成绩不错,担任学习委员。一天早操回来,叶子刚落座的屁股感觉被坚硬的刺扎了一下,她一下子尖叫着跳起来,脸上露出痛苦的表情。听到叶子的尖叫声,同学们都纷纷围过来看个究竟,一名眼尖的同学在椅子上发现了一根尖尖的刺,拔下来一看竟然是仙人掌的刺。植物身上的刺怎么会跑到椅子上呢?

老师找出"凶手"

这件事情影响到了上课,叶子委屈地找到老师,希望能查明情况。老师专门召开了班会,对同学们动之以情、晓之以理地劝说,希望做了错事的同学主动找老师承认错误,老师会为这件事情的当事人保密。下午放学后,一个身形胆怯的同学走

进了老师的办公室——原来是小钰。

原来如此

事情的起因竟然是叶子阻止了小钰考试作弊。数学考试的时候，坐在叶子后面的小钰偷偷扔了张纸条给叶子，说有一道题不会做，让叶子把答案写在纸条上再传给她。本以为关系不错的两个人可以"互相帮助"的，结果等到考试结束小钰也没有盼来纸条，眼睁睁地看着一道大题白白丢了10分。更让小钰生气的是，叶子还大声警告小钰，让她死了抄袭别人作业的心，还被周围好几个同学听到了，小钰觉得特没面子，她心里埋怨叶子太小气。

不帮我，就得付出代价，一种想要报复的心态在小钰心中悄然滋生。趁着同学们做早操的空当，她把教室窗台上仙人掌的刺扣下来，放到了叶子的椅子上。

解决方法

心理导航

听完整个事件，老师认为小钰因为内心对叶子的拒绝心怀不满，又在其他同学面前丢了面子，因此对叶子怀恨在心，产生了报复的想法，并付诸实施。需要对小钰的心理进行及时疏

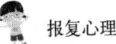 报复心理

导,避免以后发生更严重的问题。

老师的耐心教育

老师首先肯定了小钰敢于承认错误的勇气,接下来严肃批评了小钰的抄袭行为,并称赞叶子坚持原则,做得没有错。抄袭别人的答案很容易,但这是对自己不负责任的表现,不会的问题依然存在,一直耽误下去会影响后面的课程进度。这件事情是小钰有错在先,本应该及时纠正,正确面对,但是报复的心态却让小钰一错再错。

好朋友的谅解

为了让小钰充分认识到问题的错误,消除两位好朋友之间的隔阂,老师特意安排小钰向叶子道歉。明白事情真相的叶子非常大度,她没有过多埋怨小钰,并和小钰结成了学习帮扶小组,有时间两个人一起学习、一起研究难题,一起嬉戏,一对形影不离的好朋友又回来了。经过叶子的帮助,小钰的数学成绩有了明显进步,再也没有考试作弊的事情发生了。

家庭的辅助力量

根据小钰在学校的表现,老师及时与家长取得了联系。爸爸妈妈并没有斥责小钰,而是带她到图书馆查阅书籍资

料,让她通过读课外书明白做人的道理,坚守做人的原则。通过学习使小钰深刻认识到,只有通过自己的努力才能实现自己的梦想,耍小聪明、使手腕只会把自己的路堵死。要感恩坚持正义的真朋友,做一名有学识、有智慧、有担当的少先队员。

心理专家提示

报复心理会滋生邪恶的念头,儿童对客观事物的理解容易存在一定偏差和误区,需要老师和家长多加留意,发现苗头及时制止,同时要耐心做好儿童心理的引导工作,让他们能有健康的心理,在健康的环境中成长,完成学业,建立起健全的人格。

 报复心理

二十四、报复心害人害己

 案例

小区物业"破案"

小区物业的工作人员接到了好几户居民的反映,说是放在楼下的自行车接二连三地被人给损毁。有少了铃铛的、有车座被人划破的,居民纷纷要求物业增加巡逻,尽快"破案",抓住随意破坏他人物品的人,给居民一个交代。物业管理的领导安排保安在晚上重点进行巡查,结果在晚上把正在搞破坏的龙龙当场抓住。为了慎重起见,负责物业的领导并没有采取强制措施,而是与龙龙的爸爸交换了意见,请家长好好教育孩子。

带给爸妈的震惊

龙龙的爸爸妈妈得知消息后非常震惊,在父母眼中龙龙是个听话懂事的孩子,亲戚朋友都喜欢他。在学校龙龙的学习成绩一直很好,跟同学们相处融洽。去年还参加了全市的作文比

赛并获得了三等奖,为学校争得了荣誉,深得老师的喜爱。无论如何,爸爸妈妈都不能把龙龙和"破坏分子"联系起来。

事出有因

爸爸请教了心理专家,一个品学兼优的孩子怎么会发展成了"坏孩子"?心理专家没有过多询问,而是把龙龙带到了工作室,让他在轻松的音乐中放松自己。

原来这一切都是事出有因。去年,作为参赛的奖励,爸爸妈妈用积攒的工资给龙龙买了一辆山地自行车。这款自行车是龙龙盼望已久的,他如获至宝,到哪里都要骑上新车。周日去辅导班上课,龙龙因为迟到而着急,随手把车子放在了没有监控的偏僻处。当他补习完功课出来找自行车,却怎么也没有找到,当时在老师的帮助下报了警,龙龙失去了心爱的车子懊悔不已。

从这以后,龙龙每次看到类似的自行车都会心理不平衡,为什么别人的自行车好好的,我的却丢了呢?于是报复的思想开始蔓延,他控制不住自己看到自行车就想破坏。

解决方法

心理导航

心理专家认为龙龙因为丢失心爱的自行车使自己的心理失

去平衡，产生了报复心理。需要及时地进行调理和治疗，改变思想认知，纠正不良行为。

普法教育

爸爸请小区的保安认真地与龙龙谈话，明确指出他的行为是在不良心态支配下产生的，情节不算严重，可以原谅，但要立即停止这种不理智行为。否则，长此下去就会走上犯罪的道路。为了让龙龙体会生活的不易，保安队长邀请龙龙加入物业的巡查小组，每天空余时间龙龙和物业的保安叔叔们一起在小区各个楼口巡视，有效杜绝了丢车、毁车现象的发生。

诚恳道歉

爸爸妈妈带着龙龙分别来到自行车受到损害的邻居家诚恳道歉，并对部分受损严重的邻居进行了经济赔偿，希望得到大家的谅解。由于平时龙龙给邻居们留下的印象非常好，这件事情也是事出有因，邻居们都原谅并接受了来自龙龙家的道歉。

民警备案心踏实

爸爸又陪着龙龙来到当时报案的派出所，民警表示案件正在侦破中，由于当时没有监控视频，侦破起来非常困难，需要一些时间。请龙龙相信，在法制健全的我们国家，任何违法犯罪都不会得逞。也特别感谢龙龙积极主动报案，及时向警方提供有价值的线索，使他们在短时间内锁定犯罪嫌疑人的目标，为破案争取有利的时机。

采取措施防丢车

经过与小区业主的协商，物业公司在小区附近建起了一个昼夜存车棚。每逢周日，都会由龙龙带队组织班里的同学到车棚打扫卫生，帮助管理人员摆放自行车，这不仅使自行车有了统一的管理，还避免了丢失和毁坏。

心理专家提示

儿童的心理发育尚不健全，辨别问题的能力也有局限性，对一些问题的解决容易走极端，要引起家庭的重视。要重视其微小的心理变化，其实心理疾病开始的诱发，可能是很小的一些事情造成的，不要因为小就放任，否则就可能会造成不可挽回的损失。家长的一些问题最好不要让孩子知道，更不要把家庭搞得紧张、沉闷、严肃，要创造温暖、宽松的家庭环境，要能够把问题消灭在萌芽状态之中。

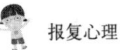 报复心理

二十五、路见不平帮倒忙

 案例

墨水和泼墨之间的联系

近日小区里的司机个个胆战心惊,一副紧张兮兮的样子,连壮壮的爸爸也受到了影响。已经有多名司机向物业公司反映,自己汽车的挡风玻璃被人给泼了墨水,不仅对驾驶安全造成了影响,还要多花2倍的钱去洗车场洗车。司机们叫苦不迭,却也无可奈何。吓得壮壮的爸爸每天都给汽车罩上车衣,生怕被人泼墨,误事又费钱。

最近爸爸发现壮壮练习毛笔字的墨汁消耗得特别快,想着儿子一定是用功练毛笔字,这几天壮壮早晨还起得很早,说是晨练对身体好。看到儿子的变化,爸爸很是欣慰。一天爸爸因出差要早走,收拾好行李后来到阳台,突然发现了一个熟悉的身影,是壮壮,他正拿着墨汁瓶子往一辆白色轿车的挡风玻璃倒墨汁,白色汽车瞬间就变成了"熊猫车"。

103

事态严重不能忽视

爸爸觉得事态严重，请来了心理老师帮助壮壮。心理老师递给壮壮一张白纸，让他写了几行字，通过对笔迹的分析，心理老师了解到壮壮是个性格要强，凡事追求完美的孩子。见到心理老师通过分析笔迹就能了解自己的性格，壮壮觉得既神奇又佩服，便一五一十地把自己做过的事情说了出来。

有一天，壮壮在小区里和同学们玩游戏，一辆汽车飞快地开了过来，吓得大家急忙躲闪，没想到在小区门口的拐弯处，汽车由于开得太快，差点撞到一位老奶奶，老奶奶受到惊吓坐在了地上，可是司机连车都没下，摇下玻璃，大骂老奶奶挡了他的路。壮壮和同学们赶紧把老奶奶扶起来，司机又嘟囔着"小屁孩儿多管闲事"。同学们当时都是敢怒不敢言。

这件事深深地刺激了壮壮，一腔怒火积在心中，久久不能平息。突然间他想到了动画片里的大侠，总能够救人于危难之中，而且技艺高超，无人能敌，于是有了学习大侠拯救弱者的想法，一股报复司机的冲动瞬间产生。

 解决方法

心理导航

通过壮壮的叙述，心理老师认为由于受到外界刺激，导致

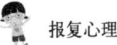 报复心理

孩子心理偏激、情绪失控,产生了极端严重的报复心理,必须尽快地加以疏导,制止他的冲动行为。

恰当教育

爸爸并没有粗暴地指责、打骂孩子,而是给壮壮讲了许多做人的道理;讲法律与法规,使壮壮明白了"以暴治暴"的危害,知道了只有依靠政府,利用有关法律法规,才能真正实现保护弱者的目的。

通过旅游淡化

暑假到了,爸爸、妈妈带壮壮到南方旅游,观赏祖国的大好河山。壮壮来到大海边,在海里冲浪、捉螃蟹、捉小虾、捡贝壳,非常开心;在庐山观看了三叠泉的壮丽,欣赏庐山植物园里的珍奇植物,使他大开眼界,心情格外愉快,早把没素质的司机给忘了。

多项举措齐治理

壮壮在爸爸的鼓励与支持下,及时把"野蛮司机"的情况反映给居委会、小区保安部门,并提出合理化的建议。居委会与保安一起在小区里设置了减速带,在主要明显的拐弯处设立警示牌,并加强巡查,发现超速问题立即纠正,还按照交通管理部门的有关规定,制作了限速路牌。从此,基本上制止了

105

小区里开快车、机动车与行人争道的现象。

居委会领导和物业保安公司又进一步做足了宣传工作，在小区里挨家挨户宣传交通法规，使司机提高"小区安全意识"。从此，小区里的汽车行驶非常有序。

经过一段时期的整改，壮壮的报复心理也逐步消失了，他还在爸爸的陪同下，主动到曾被他泼墨的司机家道歉，恳请对方的谅解。

心理专家提示

多数儿童有强烈的责任心和爱心，对他人违反道德的事情非常反感，往往在没有其他办法的情况下，会采取极端方法去解决，社会、家庭要有所察觉。由于孩子的模仿能力比较强，当英雄、大侠的想法强烈，对于一些问题的处理，个别儿童还会模仿电视、电影中的"大侠"的做法，希望引起老师、家长的高度重视。

多疑心理

多疑心理就是对人、对事物没有客观地了解之前，主观地假设与推测，是一个非理智的判断过程。多疑心理无孔不入，会发生在各种场合、各类人员和各种事件之中。如怀疑同学说自己的坏话、怀疑同学偷了自己的钱、怀疑同学到老师那里告状、怀疑同学故意孤立自己、怀疑自己得了重病、怀疑自己没有把门锁好、怀疑作业没有写正确等。轻微猜疑是正常的，过了度就是心理疾病了。

猜疑过度的儿童，一般性格比较内向、脾气倔、固执、心胸狭隘、爱幻想、懦弱、腼腆、拘谨、不愿接受意见。另外，家庭缺少温暖，成长环境不健康，长期得不到爱，也是引发儿童多疑心理的原因之一。

多疑心理对儿童的身心健康极其有害，会给儿童的学习、进步、交流、团结带来严重的不良影响，使儿童终日生活在痛苦与烦恼之中。猜疑过度的儿童很难与同学相处，严重者还会产生攻击行为，诱发精神疾病。

对于猜疑过度的儿童，家庭、学校要给予更多的关心和爱护，在理解的基础上多与儿童交流，多组织集体活动，多让儿童参加有意义的社会活动，使其心灵得到净化。要多鼓励与表扬儿童的良好行为，使其产生自信，进而对自己的行为结果产生正确的认识。

俗话说："解铃还须系铃人。"要彻底消除儿童心理障碍，克服多疑心理：一要让儿童加强学习，提高修养，增强对事物的分析与判断能力，减少片面思维。二要把精力放在学习上，让学习形式多种多样，丰富学习的内容。三要学会放松，不要把问题看得太严重。四要走出封闭的小圈子，与同学、老师多交流，多交换不同意见。五要建立一个"备忘录"，把怀疑的问题记录下来，产生不放心的念头后，先看看"备忘录"，以此阻止自己的无效重复行动。

 多疑心理

二十六、疑心自行车被盗

 案例

礼物带来了负担

磊磊过 12 岁生日的时候，爸爸给他买了一辆山地自行车，面对心仪已久的礼物，他高兴得手舞足蹈。可奇怪的是，自从买了自行车，磊磊每天半夜三更都要从六楼跑下去三四趟，一晚上基本是睡不了几个小时。

开始的时候爸爸妈妈也没有太在意，以为孩子兴奋、淘气，但是这种情况持续了十几天。有时候磊磊还要把自行车扛上楼，本来就很窄的屋子被自行车占据了，让每天的生活显得很拥挤，非常不方便。更让爸爸妈妈担心的是由于晚上磊磊来回折腾，上楼下楼消耗的体力非常大，夜里睡不好觉，体重明显下降，白天无精打采、头昏脑涨的，吃饭没有胃口，看上去总是心事重重的样子。

音乐放松道实情

爸爸带着疑惑咨询了心理专家，心理专家让磊磊听了一首

109

舒缓的音乐,在乐曲中身心放松的磊磊打开了话匣子。

在磊磊收到生日礼物后不久,小区里就发生了盗窃案件,盗贼专门盯着山地自行车和地下室进行偷盗。磊磊还听说盗贼的盗窃时间多数选择在后半夜人们熟睡的时间段。大家议论纷纷,磊磊的心一下子就紧张了起来,总担心自己的自行车会被偷走。为此,他每天晚上都要去楼下查看一番。一闭上眼,就仿佛看到窃贼正在偷自己的自行车,他的疑心越来越重,担心也越来越多。

解决方法

心理导航

心理专家认为:磊磊因为小区丢车的事件导致了焦虑、紧张的情绪,继而上升为多疑的心理状态。需要对他及时进行疏导,缓解焦虑、多疑的心理,否则长此以往会影响到磊磊日后的性格发展。

及时报案

立即报案,请派出所的民警加强巡查。派出所的同志经过严谨调查、取证,终于把盗窃犯抓住并绳之以法;同时采取了严格的安保措施,加强夜间巡逻力度,还给小区安装了监控设备,"天网"24小时全方位对小区进行监控,让磊磊悬着的心

 多疑心理

终于放了下来。

建立存车处

为使磊磊彻底放心,在爸爸的建议下,小区居委会与物业管理公司还专门修建了自行车昼夜存车处,磊磊把心爱的自行车存放在有人看管的车棚里,顿时感到安全和踏实了。

形式多样的生活转移疑心

为了调整磊磊心理的不适应,爸爸每天都会陪同磊磊聊天、下棋,一家人经常一起外出游玩,让磊磊在父母的关爱中逐渐减少对一些事情的多疑。如今的磊磊从容淡定,经常到车棚帮助整理摆放自行车,提醒每一个人注意财产安全,深得大家的喜爱。

心理专家提示

随着年龄的增长,学生的思想情绪会有很大的波动,一些负面情绪会导致学生产生严重的心理问题,需要家长和老师细心地观察,发现苗头及时纠正,帮助他们顺利度过不同时期,协助学生解决自身问题,提升面对困难迎难而上的能力,能够正视生活中挫折的能力。

二十七、谁偷看了日记

案例

怀疑日记被偷看

娟子喜欢读书写作,老师经常把她的作文当成范文让同学们学习,在同学中很有人缘。此外,她每天都坚持写日记,记录学习、生活中的点点滴滴。她写的日记生动、具体、真实、流畅,敢于说真话,老师会通过批阅日记,间接地了解同学之间的逸闻趣事,特别是同学们的内心世界等,因此娟子的日记成了老师了解同学们的一扇窗口。

一次,娟子听到同学们私下议论,说她是"告密者",个别嫉妒她的同学还趁机说她的坏话,使娟子茫然不知所措,觉得自己没有随意说过同学们的坏话,更没有向谁告过密,同学们冤枉了她。于是她陷入了沉思,想来想去觉得一定是同学趁她不在座位时,偷偷看了她的日记。

 多疑心理

老师的觉察

娟子越想越觉得不对劲,从此后每天把书包看得紧紧的,交日记本时从来不交给语文课代表,而是直接送到老师的办公室;不等语文课代表发日记本,她就自己一把抢回来抱得紧紧的。就连上厕所时,她也偷偷地把日记本装在兜里,与日记本形影不离。老师发现了娟子的变化,找到她了解情况。

对老师诉说委屈

同学说自己告密的事情一直影响着娟子,她觉得自己被冤枉了,很委屈。其实唯一能"泄密"的就是日记本,如果没有人偷看日记就不会这样说自己了。而且娟子还怀疑同学们都商量好不理她了,感觉自己已经被同学们孤立,心情很不好,越来越敏感,对什么事情都感到怀疑和困惑。

 解决方法

心理导航

经过细致的了解,老师认为娟子是因为太在意同学们对她的评论,内心感到委屈,无处诉说,便对事情产生了怀疑,对同学们失去了信任感。对于过分多疑的行为和思想一定要及时

纠正，否则会影响到人格发展和人际关系。

鼓励和安慰

老师及时安慰娟子，明确告诉她老师和同学是最喜欢她的，特别是娟子的日记写作水平很高，有血有肉，生动形象，读后能让大家产生共鸣。同时鼓励娟子要坚持继续写下去，不懈地坚持和努力才会让自己有更高的提升空间。班里的一些同学还主动学习她的叙事风格，所以娟子的日记不仅让自己写作水平越来越高，在很大程度上还帮助同学们提升了作文成绩。

进行思想教育

老师在班里开展了"友谊主题班队会"，使同学们知道了什么是真正的友谊，什么是破坏团结与友谊的"大敌"；明白了同学之间应该以诚相待，不应该背地里乱说乱讲别人的坏话；建立友谊的基础是诚实，维护友谊的根本是信任，发展友谊的动力是帮助。通过班队会使同学们懂得了许多做人的道理，几个以前曾经背后说过娟子的同学向娟子主动承认了错误。从此班里的风气正了，大家又恢复了以往的欢声笑语。

特色教学带来改变

老师根据孩子的年龄特点，还开展了互相当老师的"实验"教育。把同学们写的日记按小组分配，大家彼此互相

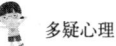

"评价",使每个同学都能够欣赏到其他同学写日记的技巧,互相给日记批注,相互取长补短。这样一来,同学们的心更近了,相互之间的了解,消除了隔阂与猜疑。

现在的娟子不仅继续坚持写日记,还主动与同学探讨写作的技巧、文章的构思等,主动与同学交流经验与体会,猜忌、怀疑少了,信任、快乐多了起来。

心理专家提示

随着年龄的增长,学生的"个人隐私"意识会逐步地显露出来,老师、家长应该及时地发现孩子的心理变化,对孩子的言行应该密切观察,在日常的教育中,有针对性地加以引导与帮助,使孩子明白友谊的真谛,团结的重要性,知道尊重与被尊重,学会积极的交流,走出封闭的、困惑的思维。

二十八、被吓出来的"病"

一场高烧改变了许多

李妍得了流感,高烧不退,浑身难受,从没有输过液的她不得不通过输液治疗,经过5天的治疗,烧虽然退了,但还是浑身没有力气,特别疲倦。

放学回家后,她总是把自己关进屋子,沉默不语。妈妈敲门都懒得答应,吃饭不香,一脸的愁容,连平时喜欢看的新闻联播都不感兴趣了。妈妈还发现原本李妍热衷的钢琴、书法等爱好也都不再练习,整日愁眉紧锁。妈妈追问原因,李妍却保持沉默。

妈妈到学校了解情况

心急的妈妈到学校找老师了解情况,老师的反映是李妍自生病回来上学后表情总是那么严肃,在学校不与同学玩,课间休息时间也不外出,独自一人坐着发呆。上课经常走神,作业

 多疑心理

写得也不那么认真了。建议妈妈带李妍咨询心理专家。

心理老师来帮忙

心理专家让李妍画了一幅生活图，了解到李妍目前的情绪低落、思绪混乱，于是耐心地陪她聊起了学习、生活情况。在心理老师的启发下，李妍说出了自己的疑心和害怕。

原来，在李妍高烧输液的那几天，恰好她在网络上看到关于儿童白血病的报道，这种疾病让人感觉浑身无力、疲倦等症状在自己身上都有。当时就"确诊"自己已经患上了不治之症——白血病。她不敢相信，把白血病的身体症状表现看了一遍又一遍，越看越觉得自己真的得了白血病，越想越觉得病情非常严重，已经到了无法挽救的地步，以致她不仅怀疑得了不治之症，还开始怀疑自己的人生，对生活失去了希望，不想上学了。

 解决方法

心理导航

心理专家听完李妍的话，认为李妍由于在生病期间身体和心理都处在脆弱时期，网络对疾病的报道，导致了她心生恐惧，夸大了自己的病情，并对自己的多疑和夸大深信不疑。这种情况如果得不到及时改善，会影响孩子的身心健康，形成敏

感多疑的性格。

用事实说话

在心理专家的建议下,妈妈带着李妍来到血液科进行化验和相关检查,结果是没有任何白血病方面的病变。血液科医生耐心地告诉李妍,感冒、发烧引起的不良反应会消耗掉体内很多的营养物质,让人体产生疲倦、没有精力的感觉,只要及时补充维生素和营养,经过一段时间的恢复就可以痊愈了,通常情况下,感冒发烧的症状一般要在7~10天以后才能完全消失。

为了彻底打消李妍的顾虑,白血病专家耐心地给李妍讲白血病的特殊症状,并利用图例把她疑惑的问题一一细致地解答出来,使李妍对白血病有了正确的认识。

精神放松法

妈妈给李妍报了钢琴、书法、围棋兴趣班,过多的学习压力给李妍造成了一定的负担,需要适度减轻繁重的学习任务,让李妍能在身心愉悦的状态下参加辅导班的培训。妈妈在征得了李妍的意见后,保留了书法班,这样一来李妍的课外学习压力减轻了很多,从紧绷的精神状态里放松下来。

家庭的温暖

爸爸妈妈知道李妍喜欢大自然,便利用节假日带她去植物园、旅游胜地欣赏大自然的美，看小鸟放飞，看青草吐绿，还到花市上买来绿植，每天由李妍亲自浇水，体验养花草的快乐。家庭的温暖使李妍的心情无比舒畅，对身体的疑虑也慢慢得到了缓解。

享受童真

为了弥补童年的快乐，妈妈主动邀请李妍的同学来家里玩。小伙伴们在一起开心聊天，谈共同爱好，憧憬未来的美好，一起做游戏，一起进行体育锻炼，童年的天真与快乐在一定程度上让李妍的多疑心理得到了治愈。

心理专家提示

"疑病症"是心理疾病中一种常见的疾病，临床上常常是学习、工作、生活压力大，性格内向，社会活动较少，比较封闭，缺少家庭温暖所致。家长、学校、社会应该密切注意，加强引导。儿童应该积极改善和调节自己的生活，以自然的态度对待任何事物，不为事所累、不为利所害；有疑惑时要及时询问家长、老师，不要胡思乱想，更不能随意下结论。

二十九、嗓子怎么总发炎

案例

遵循医嘱病还是不见好

冬天到了,小夏三天两头感冒、咽喉发炎。医生说最好的办法就是多喝水,每天在学校至少应喝4~6杯白开水。妈妈谨遵医嘱,每天给小夏带足量的水喝。可是小夏依然不见好,嗓子还是发炎,消化系统也出现了紊乱,经常性地头痛,头发掉了很多,还莫明其妙地产生了胸闷等其他症状。

妈妈追问

妈妈不放心,再次带小夏到医院检查,检查结果和上次一样,没有其他问题。在妈妈的再三追问下,小夏道出了实情。

由于一点小事小夏与一个男同学产生了矛盾,那个男同学生气地说:"小心我给你下毒。"原本是一句气话,可是这句

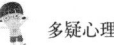 多疑心理

话却让小夏背上了心理包袱。因为小夏曾看过一条新闻：也是发生在学校，因为同学之间闹矛盾，一个同学给其他同学喝的水里投毒，结果不止一个同学中了毒，这让小夏感到很恐慌，她担心这样的事情发生在自己身上，每次都把妈妈带的水倒掉，防止同学给自己"投毒"。

 解决方法

心理导航

妈妈感觉小夏有了心理问题，带她找到心理老师。心理老师了解情况后认为小夏受到同学的威吓，又恰好看到某学校中毒的事件，心理负担过重，思维偏激，怀疑心加重，应该及时进行疏导。

关于水的知识

医生为小夏详细地讲述了人体与水、生命与水的知识。使小夏知道了人身体含水量占体重的55%～67%，人体水分减少10%，就会引起严重疾病，如果减少20%，就会导致死亡。无论如何每天也要饮用1000～1500毫升水。小夏意识到了喝水的重要性，明白了之前自己把水倒掉，是对身体非常不负责任的表现，是自残和慢性自杀行为，长此

下去会危及生命。

双方消除误解

老师找到与小夏闹矛盾的男同学，客观地批评了他威吓小夏的言行。男同学没想到自己的一句气话给小夏带来了这么严重心理问题，赶紧找到小夏，诚恳地承认了自己的错误，并表示今后一定要注意自己的言辞，再不会发生带给别人"灾难性"后果的事情了。当得知同学说的是气话，并没有真的要给自己"投毒"，小夏才明白是自己的多疑心理让自己想多了。她原谅了同学，两个人和好如初。

适时进行心理教育

老师根据学生们的心理发展特点，请来心理老师为同学们开展必要的心理课程。课上，心理老师与同学们互动，让同学们观看图片，同一张图片有的同学看到的是一只高脚玻璃杯，有的同学看到的是两个面对面的人的头像；老师又把同学们分成三个小组，其中一个小组被命名为"记忆超常组"，老师描述了一个场景，请同学们复述，结果"记忆超常组"的同学全部都记住并能完整地复述，另外两个组的同学表现一般。而为什么对相同环境、相同问题等外在因素，同学们的表现和解答各不相同呢？这些有趣的现象激发了同学们的好奇心。心理老师通过寓教于乐的活动，让同学们明白了每个人都是独立的

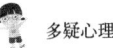 多疑心理

个体,由于对问题的关注点不同,每个人的内心体验不同,就会出现差异。因此同学间相处要多多沟通交流,澄清事实,这样就能很好地避免相互之间的误会。

心理专家提示

女孩子胆子比较小,容易把别人不经意的话看得很重。她们对男同学的威胁话语比较敏感,特别是当与男同学发生正面矛盾后,容易胡乱猜想,把问题复杂化,害怕男同学报复,应该引起家长、老师警觉,并及时地加以引导,适时地进行教育,否则会发生严重的后果。

三十、"疑心病"要不得

 案例

妈妈的疑问

小慧最近总是跟妈妈念叨说同学们经常在背后议论她,说她的坏话,当妈妈追问是哪位同学说了坏话,小慧又没有明确的指向。不过,小慧的变化比之前确实多了不少。经常无故迟到,早晨去学校总是推延到最后一刻,妈妈奇怪小慧怎么变成了这个样子?难道真的是因为同学说坏话的原因吗?

向老师了解情况

妈妈找到老师了解情况,老师也反映了小慧最近的变化。作业错误太多、跟同学之间经常闹矛盾,据同学们说小慧总是"疑神疑鬼"的,怀疑同学们背后议论她,怀疑同学们故意疏远她。经常因为这些"疑心"的事情和同学们闹得很不愉快。老师建议妈妈带小慧去看心理专家。

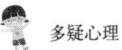 多疑心理

心理剧扮演找问题

妈妈带着小慧找到心理专家,希望能够帮到小慧。在心理专家的安排下,小慧分别请到了扮演自己、扮演同学的心理剧扮演者。通过对自己和同学们的互动观察,让身为局外人的小慧看到了自己的问题。在心理剧结束后,她主动和心理专家说出了自己的心里话。

小慧是个内向敏感的孩子,在一次课上回答问题时,由于当时走神,对老师的提问答非所问,引起了同学们的哄堂大笑。自此以后,每次看到或听到同学们的笑声,小慧都觉得同学是在嘲笑自己,有时候坐在后面的同学交头接耳,小慧更是觉得受不了,她觉得一定是大家在背后对自己指指点点。甚至连同桌和她同一时间完成数学作业时,她都觉得同学是故意跟她作对,故意要气她。所以小慧越来越不愿意到学校和同学们在一起相处了。

 解决方法

心理导航

心理专家听了小慧的感受之后,认为小慧由于性格内向、敏感,把同学们一次无心的哄堂大笑看得很重,非常在意同学

们对自己的态度是否友好，因此对于一些小事产生了针对自己的了各种联想，如果不及时纠正小慧的思想偏差，会让疑心越来越重，导致性格发生改变甚至是畸形扭曲。

开展班会消疑心

老师根据小慧的情况，专门召开了班会，在会上婉转地批评了跟着起哄的同学，让小慧心里有了一丝安慰。老师特意让小慧的同桌发言，谈谈她对小慧的看法，同桌真诚地称赞小慧是个细心、乐于助人的女孩子。之所以出现跟小慧同一时间完成作业的情况也是偶然现象，也许是小慧曾经教给自己的学习方法让两个人会出现同步。小慧听同桌表扬自己，而自己因为疑心过重还觉得同桌是针对自己，不好意思地低下了头。

心理游戏重建信任

老师请来心理专家给全班同学进行了寓教于乐的心理教学课程。根据心理专家的安排，由6名男同学分站两排组成"人肉网"，让小慧闭上眼睛，放心向后躺下去。因为敏感的性格，小慧说什么也不敢，她害怕同学会在她躺下的那一刻松手。这时，身强体壮的体育委员自告奋勇，当着全班同学的面，选择了信任，安全地躺在了"人肉网"中，毫发无损。看到这样的结局，小慧觉得是自己疑虑太多，她也尝试着像体育委员那样信任同学。

游山玩水阔胸怀

听取了心理专家的建议,爸爸妈妈每逢节假日都会带着小慧游山玩水,全身心投入到大自然的怀抱。在崇山峻岭间,在浩瀚无垠的海洋中,小慧彻底感受到了天之蓝、地之大。旅途中,接触到了形形色色的人,有友好的、有冷漠的、有善言的、有沉默的……无论是哪一类人,小慧都能够接纳他们,也不会过多地在意别人对自己的态度或评价。小慧的疑心越来越少,人也变得越来越开朗。

心理专家提示

内向敏感的性格会让人的思想格局受到一定限制。容易引起猜疑、对人产生不信任。作为家长和老师,应当全面了解孩子的性格,正向利用和发展性格中的优势部分,及时帮助孩子纠正他们思想中的错误偏差,引导儿童多关注事物积极的一面,避免他们的性格发生不可逆转的改变。

自卑心理

自卑心理是一种把自己的能力、品质、工作水平、学习、团结、威信评价过低，自己瞧不起自己，总觉得在某些方面不如别人，如学习、长相、家庭经济实力、人缘等，或者是由于生理方面的原因而产生的轻视自己的心理反应。严重时会发展为嫉妒、愤怒、报复、忧郁及精神障碍。

儿童有了自卑心理，就容易出现精神萎靡不振、缺乏进取心、没有朝气、经常唉声叹气、胡乱猜疑、孤独、离群、悲观厌世、自我封闭、充满敌意，甚至对生活失去信心。儿童一旦成为自卑的俘虏，就很难有所作为，自卑会使儿童的心情沉闷，遇事缩手缩脚，不相信自己的能力，缺乏克服困难的勇气和毅力，甚至对自己能够完成的任务也往往认为无法把握而自动放弃。自卑会毁掉人的自尊心，使聪明才智无法施展，创造力受到打击，不利于身体健康，应该尽早克服。

对于自卑，一定要找出根源，设法战胜它。通常情况下，产生自卑的原因主要有四点：一是家庭的不健康教育，如经常斥责孩子，讽刺挖苦孩子，冷落孩子，慢慢地就会使儿童产生自卑心理。二是学习、幼儿园的不良刺激。老师在儿童心中是至高无上的，如果老师经常用讽刺语言批评儿童，儿童就可能产生自卑心理。三是先天生理上的缺陷使儿童产生自卑心理。四是突然遭受到重大打击，如家庭变故、亲人离去等，也会使儿童产生自卑心理。

　　了解了自卑心理产生的原因后，就可以对症下药了。第一，要正视自己，树立信心，不要怀疑自己的学习能力，其实自卑心理最大的敌人就是自己，只有自己相信自己，看得起自己，才能从根本上消除自卑，善于用补偿的办法克服它。第二，要正确地审视同学，不要总认为同学什么都好，其实谁身上都有缺点和优点，正所谓"人无完人，金无足赤"，一人有一人的难处。第三，不能轻易言败。在学习上不会总是一帆风顺，不可能总是第一名，要经得起失败的考验，要善于在失败中寻找经验，使自己最终走向成功。第四，要注意与同学、老师、家长交流，主动把思想问题讲给大家听，争取从大家的身上得到提示和启迪。第五，社会、家庭、学校要给自卑心理严重的儿童更多的关爱，经常给他们肯定和鼓励，使儿童逐步地克服自卑心理。

 自卑心理

三十一、"A4腰"的代价

 **案例**

低血糖昏倒

下午还没有放学,妈妈就接到老师打来的电话,说女儿晓颖在上体育课时突然晕倒。经过校医检查身体没有大碍,只是低血糖导致,妈妈慌了神,最近女儿一直不肯好好吃饭,每顿饭只吃一点点主食,肉、鱼、鸡蛋都不入口,人显得非常虚弱,面色也很难看。会不会得了什么病?

身体检查

妈妈带着晓颖来到医院进行了详细的检查,检查结果显示没有躯体性疾病,妈妈接受建议给晓颖找来了心理专家。经过心理专家耐心细致地询问,晓颖终于道出了实情。

窈窕淑女的梦想

进入身体发育期的晓颖身材很健壮,与其他同龄女孩子

比起来个头高大——婴儿肥的脸蛋儿,有些发胖的身材——班里的男同学都喊她"企鹅"。晓颖因为自己的身材特别自卑,每当听到"企鹅"这个词,她都觉得有一种侮辱感。极力想改变身材的她在网络上看到了风靡一时的"A4腰"。于是她每天坚持节食,还偷偷背着妈妈把自己的腰用弹力布束缚起来,让自己的腰瘦到像 A4 纸那样的标准,梦想着自己拥有了"A4腰",让班里的男生惊叹,不会有人再喊她"企鹅"了。

 解决方法

心理导航

心理专家认为:晓颖已经不是单单减肥本身的问题了,是因为身体肥胖受到了同学们的嘲笑而产生了自卑心理,为了拥有完美身材用不科学的方法减肥,造成了身心不同程度受损,需要及时疏导,纠正晓颖的审美观,引导其采用科学的减肥方法,避免造成人格的改变。

老师的及时教育

老师找到了喊晓颖外号的男同学,私下里对他们进行了批评,并让他们主动跟晓颖道歉。老师还适时地在班里开展了

"什么是美,为什么说心灵美是最重要"的主题班队会。同学们通过诗歌、讲故事、演小品的形式懂得了美的真正含义和做人的道理,知道了学生应该追求什么,树立什么样的人生观。慢慢地班里喊晓颖外号的人少了,更多的同学开始关心集体、爱护环境,团结友爱的氛围更浓厚了。

中医讲减肥

妈妈找来中医给晓颖讲解过量地吃减肥药物,会严重地危害身体健康,同时还容易引发其他方面的疾病。减肥药物可以吃,但必须是在医生的指导下吃,并不是什么类别的减肥药物都适合自己的身体情况,因人而异。用紧身衣束缚身体对血液循环很不利,特别是正处于身体发育期的青少年,长期束缚会导致身体不健康。

中医还重点说明了,真正意义上的减肥要通过长期的、科学的运动来实现,晓颖认识到了自己以前的错误做法,很快就把束腰的弹力布扔掉了。在医生的指导下,妈妈陪晓颖每天坚持科学运动,合理安排饮食。

内在美的重要性

为了缓解晓颖的自卑心理,妈妈主动从网上找来了一些资料,在与晓颖聊天时,给她讲形体美学知识,讲服饰的起源、传统的服饰美学,民族服饰美学,古今中外对美的理解,人与自然美的内在关系，气质、文化素养与美的关系等，使晓颖懂得了内在美的重要性，自卑感也因此减轻了。

如今，晓颖的减肥效果初见成效，饮食也恢复了正常，每天坚持锻炼，在同学面前也不再有自卑心理了。

心理专家提示

比较胖的女孩子随着年龄的增长，会产生美的向往与幻想，有时面对同学的美，非常敏感与羡慕；特别是处于青春期的女孩子对美更是充满"无限"的遐想，引导不好就容易出现极端问题，社会、家庭应该引起高度重视。在减肥的问题上要密切关注孩子的心理变化，不要认为孩子小就漠然不理睬，应该主动与孩子交流，指导孩子锻炼与运动。

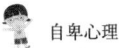 自卑心理

三十二、对八块腹肌的向往

 案例

疯狂运动为哪般

根据爸爸对小宇的观察和了解,小宇一定是出问题了,否则不会如此"疯狂"又固执。以前的小宇老是宅在家里,不喜欢体育运动,而现在的小宇发着高烧还要在家里坚持做俯卧撑,如果不是妈妈拦着还要去游泳,就像着了魔似地疯狂运动,爸爸妈妈一脸茫然,不知道是什么事情让小宇这么固执己见。

身材瘦弱人自卑

等小宇高烧退后爸爸带着他找到了心理老师,心理老师让小宇画一张本人的头像。通过画像,心理老师看到了一个没有自信、极度自卑的男孩子。经过耐心开导,小宇说出了"疯狂"背后的真实原因。

在班里男同学中小宇的个子显得矮,人也比其他男同学瘦

弱很多。一次小宇跟班里的体委发生争执，两个人动起了手，面对"人高马大"的体委，小宇显得弱不禁风，其他几个"旁观者"嘲笑小宇太瘦弱，连打架的力气都没有。身心受到伤害的小宇此后一直很自卑，觉得在同学面前抬不起头，他经常躲避同学，一度心情郁闷到极点。一次看电影，主人公一身结实的肌肉，健壮的身体，特别是"胸口碎大石"的真功夫让小宇看到了一线希望，于是，他不顾身体能不能吃得消，开始各种锻炼，希望自己能尽快拥有八块腹肌，让那些嘲笑过自己的同学羡慕，不被人欺负。

 解决方法

心理导航

心理老师听了小宇的遭遇后认为：由于身体瘦弱矮小被同学欺负，让小宇产生了自卑心理。导致跟同学之间的关系受挫，需要及时疏导，调整自卑心理，才能化解心中的情绪，否则，长此以往会影响孩子的性格，阻碍今后在社会生活中的人际交往。

全班被批评

班主任知道此事后，召开了班会，严厉批评了体委仗势欺人的作风,并让他及时向小宇赔礼道歉;对于看热闹的同学,老师让他们每人写一份深刻的检讨,在班会上念给同学们听。老师还请来了武术教练,请他为同学们讲解力量、搏击的最终目的是强身健体,不是以大欺小,以强凌弱,让同学们深受启发。

讲解生物知识

生物老师专门向同学们讲解了青少年身体发育的不同阶段、如何正确对待身高、骨骼发育注意事项等知识,通过讲解使小宇明白了自己盲目锻炼对长身体是有害的,一个人的身高、外貌并不是获得同学尊重的绝对条件,需要提高自己的综合素质,比如自信心、学习成绩、生活技能等,只有内心强大,才可以赢得大家的喜爱和尊重。

科学健身锻炼

在爸爸的指导下,小宇开始有计划、有步骤地健身。每天坚持游泳、周末到体育场打篮球、充分利用学校操场的体育器材做单双杠的倒立等。妈妈从网上下载了很多适合青少年生长发育的菜谱,每天严格按照标准做好饭菜。经过一段时间科学的锻炼,搭配着健康的饮食,小宇的身材变得魁梧了,身高也有了变化,他不再为自己的身材而感到自卑了。

经过调整,小宇能够正确看待外表,跟同学之间的关系融洽了许多，跟体委成了最要好的朋友，在体委的鼓励下，小宇报名参加了班委员的换届选举，并以绝对的高票优势，成功获取了生活委员的"职务"，每天为同学们服务，小宇开心得不得了。

心理专家提示

儿童到了青春期后，心理上会有许多变化，少数儿童对于什么是美、什么是丑并不是很清楚，他们常常会以外界的评判为标准而误入歧途，甚至会产生自负或自卑心理，以自我为中心的思想严重，家长应该认真地加以引导与教育，认真科学地对待，在处理问题的方式方法上，不能简单化，更不能打、骂，应该从心理入手，及时地引导孩子走出"误区"。

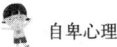 自卑心理

三十三、谁说没有朋友

 案例

视力和学习同时下降

近来,赛赛的眼睛出现了问题,看东西模糊,经常流泪,学习成绩也直线下降,妈妈咨询了医生后给她买来了眼药水,每天坚持滴眼药水,可还是不管事,有时候眼睛又红又肿,更想不到的是因为眼睛的问题还影响到了学习成绩。妈妈赶紧带着赛赛来到眼科医院就诊。

妈妈的不解

经过一番检查,医生告诉妈妈赛赛的眼睛视力很差,有眼干的症状,应该是用眼过度造成的,建议妈妈减少孩子的功课,注意保护好眼睛视力。妈妈不理解,因为赛赛的功课并不繁重,自己也没有给孩子报其他课外班,怎么会视力下降,用眼过度呢?

谁说我没有朋友

带着疑问,妈妈找到了心理专家,心理专家跟赛赛做了沟通,了解到深层原因。

赛赛性格比较内向,见人就脸红,很少说话,在学校上课时也不敢主动举手发言,总是显得很腼腆。她平时对集体活动总显得很冷淡,经常找借口不参加,很少与同学交流内心世界。在班里赛赛没有朋友,看到同学们三三两两地在一起,她很自卑,最怕同学们说她没有人缘,没有朋友。

由于不愿意跟人沟通,又得不到爸爸妈妈的理解,赛赛便在网络的虚拟空间里寻找朋友与快乐。一次,她在网上玩游戏,连续闯过了几关,得到了几个网友的称赞。于是赛赛每天都要在网上跟网友们天南海北地聊上一通,加她好友的人也越来越多,这极大地满足了她有很多朋友的心理需求;虚拟网络世界中的赛赛与现实中的她判若两人。

解决方法

心理导航

心理专家认为:赛赛由于性格孤僻,在现实生活中没有朋友,却羡慕有朋友的同学,现实的状况导致其孤独、自卑心理

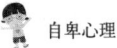 自卑心理

严重，需要及时对她进行疏导，改变性格的发展，避免因迷恋网络造成身心双重伤害。

注重家庭温暖

心理专家严肃地把实际情况告诉了赛赛的父母，客观地批评了父母平时不注意关心孩子的心理问题，由于对孩子情感关注不够，造成孩子心理上出现了创伤。

爸爸妈妈认识到了问题的严重性，改变了以往只忙于工作的模式，每天陪赛赛聊天，看电视，一起外出锻炼、旅游，去看画展等，平时妈妈还下厨为赛赛做喜欢吃的饭菜。

注重同学的友谊

为了使赛赛的孤独之心尽快消除，使她的注意力尽快地从网络中转移出来，老师动员班里的同学主动与赛赛进行交流，畅想未来，并进行有意义的体育活动，慢慢地赛赛找到了现实中的真朋友，感受到了来自老师、同学的温暖，找回了自尊和自重，逐步树立起了自信心，自卑感消失了。

兴趣培养

为了使赛赛生活得有意义、更充实，有一个更好的爱好，

妈妈根据她的特长，给她报了绘画班，每天晚上妈妈送她去学习绘画，星期天爸爸带她去野外写生，描绘大自然的美丽。使赛赛的生活充满了乐趣，性格逐渐开朗起来，脸上也出现了天真的笑容。

通过努力，赛赛的心理自卑问题全部解决了，现在她不再上网向陌生人倾泻心中的苦闷了，更不去玩游戏闯关了，更多时候是与同学们在一起学习、游戏，主动参加集体活动，微笑常挂在脸上。

心理专家提示

当学生处于没有温暖的家庭环境中，得不到任何鼓励与信任时，自然就会迷恋上什么东西，以此摆脱孤独。家长、老师一定要注意观察孩子的言行举止，善于从微小的细节上发现问题，并能够结合孩子的成长历史，心理特点，有针对性地加以治疗，以防耽误病情。

学生自己也应该学会"心理"保护，善于调整自己，主动与同学互动，主动与家长和老师沟通，要相信老师、家长，要学会爱别人，并知道怎么去爱。

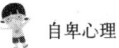 自卑心理

三十四、单眼皮的烦恼

 案例

不戴墨镜不出门

真是"女大十八变",妈妈觉得12岁的女儿筱春出落得越来越漂亮了,可还有个变化让妈妈又觉得不踏实。以前女儿最爱缠着爸爸妈妈出门游玩,但随着年龄增长筱春不爱出门了,更让人理解不了的是每次外出都要戴上妈妈的墨镜,妈妈以为女儿长大爱美了,为此专门到眼镜店给筱春买了一副质量好的墨镜。上周因为墨镜落在了外婆家,筱春死活都不肯跟妈妈出门。

迷上彩妆的女儿

筱春还多了一个"爱好",每逢周末,她都会坐在电脑前认真收看各类化妆技巧,特别是眼部彩妆,让她看得如痴如醉,甚至到了吃饭的时间,妈妈都叫不动她。她还经常拿来妈

143

妈的化妆品有模有样地给自己化妆，每当听到有人夸奖她眼睛化妆很漂亮的时候，她就会高兴半天。

单眼皮惹烦恼

对于筱春的这些变化，妈妈看在眼里，急在心上。在妈妈的劝说下，筱春走进了心理咨询室，见到了心理老师。

筱春一直有个演员梦。随着年龄的增长，她发现自己喜欢的女明星们几乎都是大眼睛双眼皮，更让筱春备受"打击"的是听到班里男同学讨论喜欢什么样的女生时，几乎不约而同地选择了大眼睛双眼皮的女生。那一刻，筱春之前的自信被击垮了，她下意识地低下了头，觉得自己很丑。于是，每次出门她都要戴上墨镜，不想让别人看到她的单眼皮。在班里，筱春也不敢跟同学们对视，在她心里觉得只有拥有了双眼皮才有跟人说话、眼神交流的勇气。所以，筱春特别盼着自己快些长大，长大后就可以去做双眼皮手术了。现在，她变得越来越自卑，越来越不合群。

解决方法

心理导航

心理老师认为：筱春由于片面地追求外貌效果，导致自己

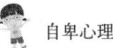 自卑心理

产生了严重的自卑心理,需要尽快改变她对外在美的认知,疏导她的自卑心理,避免造成其他严重的后果。

艺校老师来讲解

班主任请来了艺校的老师给全班同学普及美学知识。通过老师的讲解,使筱春明白了内在美比外在美更重要。真正有才华的人是靠扎实的基本功,靠实力赢得大家的爱戴和尊重的。娇美的容颜迟早会有逝去的一天,只有把更多的精力运用到学业中才不会随着时间的推移而消失。

为了圆筱春的演员梦,艺校老师破例收她为业余学员,从形体的基础知识和动作开始练习,并告诫筱春要做好吃苦的心理准备。

老师拿出一张芭蕾舞演员双脚的照片:一只脚上穿着让所有女孩都无限向往的芭蕾鞋,另一只是脱下舞鞋的脚,脚的骨骼严重变形、伤痕累累。筱春终于明白了:所有光辉灿烂的背后都是艰辛的付出,徒有外貌而没有真本领是行不通的。

发挥优势重拾自信

筱春因为热衷学习化彩妆,老师根据她的优势特长,在"六一儿童节"的联欢会时,特意邀请筱春为班里表演节目的同学们化妆。凡是出自筱春之手化出的舞台妆都非

常受欢迎，尤其是她能把同学们的眼睛化得特别漂亮、出神入化。渐渐地，筱春的化妆技术在同学和老师口中小有名气。通过自己的努力得到了老师和同学们的肯定，这让筱春重新找回了自信。

父母反思家庭教育

爸爸妈妈面对筱春的问题，开始反思在家庭教育中缺失了什么？由于一直忙于工作、生活，很多时候忽略了孩子的心理感受和情绪变化。在孩子最无助、迷茫的时候没有及时觉察到，更无法给予她更多的情感支持，爸爸妈妈感到特别惭愧。

找到了问题的根源，爸爸妈妈调整了生活节奏。现在每天晚上妈妈都会挤出时间陪筱春散步，母女两人边走边聊，谈学习的困惑、说人生的智慧，憧憬着美好的未来；爸爸在周末安排一家三口去郊外游玩，游山玩水间拓宽了筱春的视野，让她在大自然中找到并发现自然美，感叹自然美是不需要过多地修饰。

经过一段时间的改变，筱春在同学面前非常有自信，自卑的心理慢慢得到了改善，如今无论去哪里，筱春都能够坦然面对，再也不需要戴墨镜了。

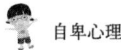 自卑心理

心理专家提示

儿童由于身心均未成熟，对待美的理解很片面，如何正确对待自身的优缺点需要老师及家长正确引导。通过及时掌握孩子的心理变化可以有效制止一些错误行为的发生。另外，家长应多掌握、储备一些青少年心理知识，了解青少年的语言、行为特点，有助于加强对青少年的管理。

三十五、不愿意参加集体活动

 案例

电话揭露"冰山一角"

妈妈接到老师打来的电话,反映女儿露露不知什么原因一直不参加班里的集体活动。妈妈感到很突然,在家长眼中露露是听话的好孩子、学习努力、懂事又听话,作为家长真的没有听到露露说起过班里有哪些集体活动,是她故意对妈妈隐瞒什么,还是家长对孩子忽略了什么?

难以浮出水面的问题

爸爸妈妈和露露召开家庭会议,对女儿动之以情、晓之以理,希望能从露露口中找到不参加集体活动的答案。露露胆怯地低下头,承认了很多次集体活动都找借口没有参加,但是面对爸爸妈妈迫切想了解不参加集体活动的原因时,她却闭口不谈,只是难过地抹着眼泪。

 自卑心理

档次不够的尴尬

情急之下,妈妈向心理老师求助。心理老师让露露听了一首舒缓的音乐,等露露情绪平复之后,跟她聊起了家常。

班里的一位女同学豆豆过生日,邀请了全班同学。露露兴高采烈地来到同学家看到了自己最喜欢的芭比娃娃,同学见她喜欢就把珍藏了整套的芭比娃娃都拿了出来,并有些瞧不起地告诉露露,这些娃娃是花了大价钱买来的,露露的芭比娃娃跟这些相比,完全就不是一个档次。同学的话刺激了露露,因为在露露心中一直特别珍惜妈妈送给自己的芭比娃娃,现在被有钱的同学给比下来,心里很不是滋味。

从此以后,凡是有同学豆豆参加的集体活动,露露就有意回避,因为她感觉在同学面前总是显得自己没有档次,身份低微,很没有面子,被比下来非常尴尬,索性就不参加集体活动了。

 解决方法

心理导航

心理老师认为:露露虚荣心强,在跟同学攀比的过程中心理受到了打击,致使自卑心理加重,一个人无法化解,让自己

陷入了逃避、冷漠的恶性循环，需要家长和老师及时指出问题所在，正确引导，避免因自卑心理加重而使人格发生不可逆的改变。

家风传承不可少

老师请来家风传承人给同学们讲述如何发扬艰苦朴素的传统作风，如何正确看待家庭之间的经济差距等。通过寓教于乐的讲解让同学们懂得了不能以金钱来衡量一个人的身份地位，务实、艰苦朴素的作风无论在哪个时代都不过时。

同学豆豆主动找到露露向她表示了自己的歉意，并愿意跟露露一起分享芭比娃娃，主动提出跟露露交朋友。

听爷爷讲过去的故事

爷爷把露露叫到家里，跟她讲起了自家的老一辈人在恶劣的环境中奋发图强，经过几代人的不懈努力，家中的老一辈也算得上是当时显赫的商人，拥有自己家族的经济实力。虽然年代更替、岁月轮回，但是家族人勤俭持家的好风气一直没有改变过。作为好家风的新时代继承人，爷爷希望露露能够摆正家庭与身份的位置，明白真正做人的道理，做到贫贱不屈，不卑不亢。

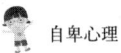 自卑心理

融入集体欢乐多

在家长和老师的鼓励下,露露放下了自卑的包袱,跟同学们一起参加各种有意义的集体活动。在老师生病住院期间,露露主动组织班里的同学,大家拿出平时的零花钱,凑钱给老师买了一大束鲜花送到医院。看到露露的转变,老师和同学们由衷地为她感到高兴。

心理专家提示

在物质极速发达的社会,如何引导青少年发扬艰苦朴素的作风是家长、学校、社会的共同责任和义务。适时加强爱国主义教育在当今时代仍然很有必要。同时,要教育学生学会自我调整、自我保护,保持积极向上的乐观精神,克服各种不良情绪。

强迫心理

强迫心理是很复杂的心理状态，主要表现是：没有意义地重复，不断按照一定的规则或刻板的形式进行某些活动或动作。有些儿童知道自己的行为没有任何意义，但就是控制不住，非要去做。如反复数台阶，反复数停车场里的汽车，反复数天上的星星，反复洗手，反复检查作业是否错了，反复打电话，反复检查自己的玩具是否保管好，反复掏兜、挖鼻孔，反复给宠物洗澡、喂食等。

强迫心理与遗传及精神因素有关，常常发生在胆小、敏感、情绪不稳定的儿童身上。儿童在生活中遇到突发事件，为了缓解某些紧张与焦虑，出现了反复并且毫无意义的行为，也可以说是一种防御性、被动性反应。

家庭的不健康教育也是诱因之一，家长对孩子管教苛刻，严重束缚了儿童的合理正常行为，导致儿童出现办事拘谨，缺乏自信心，遇事优柔寡断，慢慢地也可能产生心理异常，出现强迫心理。

儿童一旦有了强迫心理，家长不要恐慌，更不能责怪孩子，以防病情扩大。要根据儿童的发病原因，从根本上解决问题。在转移孩子的注意力上下功夫，多鼓励孩子参加有意义的集体活动，把儿童的精力转移到学习上来。

家长可以采取"防止反应"法来阻止孩子的强迫行为发生，平时注意观察孩子，与孩子亲近，当发现孩子有了强迫行为时，采取有效办法使孩子的错误行为无法进行下去，心理健康起来。

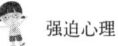

三十六、多次进厨房查看

偷用煤气灶

虹虹的家里安装了煤气管道,看到爸爸妈妈做饭非常方便,便产生了好奇心。一次,她放学后趁妈妈爸爸没有下班,点燃煤气灶学着做饭,恰好被下班回来的爸爸发现了,爸爸发火训斥她:"万一煤气泄漏,会把你炸死的。以后,不能随意用煤气灶。"

总是进厨房

慢慢地妈妈发现了一个奇怪现象,以前从不进厨房的虹虹,最近特别爱进厨房,还经常用鼻子闻,有时半夜起来方便时,也要去几次厨房,后来竟然发展到十几分钟就要进一次厨房,每天晚上休息不好,精神疲倦,上课精力不集中,学习成绩严重下降。

老师的关爱

老师看到虹虹上课心事重重，学习成绩下降，就与她"深入"地聊了起来。原来，虹虹因为偷着使用煤气灶被爸爸训斥后，对煤气泄漏产生了惧怕感。恰好在看电视时，看到一家人由于煤气管道泄漏引发火灾，全家被烧成了重伤，身体大面积烧伤，看上去惨不忍睹……

从此，虹虹总感到家中煤气管道正在漏气，眼前不断浮现出妈妈点燃煤气就爆炸起火，全家人被火海吞没的可怕画面。于是每天晚上虹虹都不放心，经常去厨房查看煤气阀门是否关紧。

解决方法

心理导航

老师感到问题严重，认为不是安慰一下就能解决问题的，及时联系了家长，请来了心理专家。经过心理专家初步诊断，虹虹由于受到爸爸的话语和电视画面的双重刺激，对煤气泄漏产生了恐惧心理，为了减缓恐惧，她强迫自己不断检查煤气阀门是否关紧，需要采取综合方法解决虹虹的强迫心理问题，避免事态发展严重。

爸爸真诚地道歉

在心理专家的安排下,老师以家访的形式与虹虹的爸爸谈话,客观批评了爸爸对待孩子简单、粗暴的训斥方法,并建议爸爸多鼓励孩子自己动手做些简单的饭菜,家长应主动帮助指导孩子学习煤气灶的安全使用方法。爸爸虚心接受批评,诚恳地向虹虹承认了自己的错误。

请技术人员讲解

爸爸请来专业检测技术人员上门,认真地为虹虹讲解了煤气灶安全使用常识,使用中发现的问题和防范办法。使虹虹了解了煤气管道安全系数很高,安全使用一般不会发生泄漏问题。只要在使用过程中避免疏忽,把每个开关关严,就不会有问题发生。同时,工作人员又使用测试仪器,把每个管道接口测试了一遍,显示都是合格,让虹虹亲眼看到没有任何泄漏。工作人员还告诉虹虹一个家用检测方法:用肥皂水涂抹到煤气管道的接口处,如果有煤气泄漏,肥皂水就会冒泡泡。

安装检测报警仪

为了让虹虹更踏实,爸爸主动到市场上买来一个煤气泄漏监测报警仪,看到这个仪器安装好,虹虹的心里有了安全感,觉得仪器比自己检测更准确,沉重的心理包袱彻底放下了。

家人共分享

爸爸妈妈在周末带上虹虹一起去市场买菜，回家后各自分工，虹虹负责择菜，妈妈负责清洗蔬菜，爸爸负责炒菜，一家人在一起分享美食心得，让虹虹在心里对煤气灶泄漏的恐惧和担心越来越少了。有时候遇到爸爸妈妈加班，虹虹还能一个人在家熟练地使用煤气灶帮助爸爸妈妈煮饭。

如今的虹虹不再有可怕的想象和担心了，也不再反复地去厨房检查煤气灶，生活又恢复了以往的平静。

心理专家提示

未成年的孩子思维容易走入极端，特别是对带有危险性的新产品，往往会产生由怀疑到恐惧的心理过程，家长平时应多注意观察孩子的言谈举止，发现问题要及时沟通与疏导，要使孩子较早地自立与自觉起来，拓宽孩子的知识面，掌握更多的自我保护知识，从根上解决问题。

 强迫心理

三十七、储藏柜里的秘密

意外发现

周日,在家大扫除的妈妈突然看到小卓屋子里的储藏柜摆满了各式各样的化妆品,都是大品牌,还有一些从国外进口的牌子,妈妈被这意外的发现惊呆了。回想这一段时间以来,小卓经常以各种借口向爸爸妈妈要零花钱,原来都是买了化妆品。可这又是为什么呢?

玩笑当真

妈妈感到问题严重,及时地找到心理专家与小卓聊起了"知心话"。原来,小卓是中队长,学习、人缘各方面都非常好,美中不足的是肤色黑了一点,同学们经常以"黑美人"这些玩笑话逗她,这使自尊心极强的小卓心里很别扭,为了让肤色尽快变白,她开始关注化妆品,慢慢地一发不可收。每当

听到电视广告上说某某化妆品好，就不假思索地去买；看到报纸上的广告介绍某种化妆品能增白，她就一定要去买，不买就感到浑身难受，控制不住自己。每次同学来家里，她都要拿出化妆品给同学看，得到同学的羡慕，心理就特别舒畅。

 解决方法

心理导航

心理专家认为：由于小卓把同学的玩笑话看得比较重，加上自尊心强，产生了"冲动"型消费心理，通过不断购买高级化妆品这种强迫行为，在同学面前炫耀，使心理得到满足。这种行为应该及时地加以制止，不能任其发展。

妈妈的理解

妈妈开始关注小卓的心理变化，适时地陪伴她，给她讲自己这个年龄的趣事、糗事，告诉小卓女孩子爱美是正常的，但是要根据自己的年龄、皮肤等特点选择适合自己的，处于青春发育期的孩子要特别注重化妆品的选择，买得贵，不如买得对。

妈妈的一席话使小卓心里的担心少了很多，自己花了那么多的钱，没有挨批评，反而得到妈妈的理解，小卓从心里感激妈妈。

皮肤科医生的讲解

妈妈带着小卓来到医院的皮肤科，请医生给小卓普及皮肤的医学知识。通过讲解，小卓了解了皮肤的肤色是与遗传基因、生活环境、日常保养等各方面都密切相关的，综合因素造成了肤色的不尽相同。无论皮肤黑还是白，健康才是最重要的。外在的保养会让肌肤延缓衰老，在一定程度上得到改善，但是心理健康、心态平和会让人的气色更滋润。儿童成长期，要学会保护自己的皮肤，用儿童护肤霜会更有针对性。

营造良好家庭氛围

在心理专家的建议下，妈妈与爸爸改变了以前的生活方式，每天无论多么忙，妈妈爸爸也要早回家与小卓多交流、到小区花园散步，有时还与小卓做游戏；每周带孩子去名胜古迹观赏、听音乐会、看画展。小卓每天生活都很充实，与爸爸、妈妈在一起得到了艺术的熏陶，懂得了真正的美来源于生活。

老师的帮助

经历了这件事情后，老师在讲课时恰当地给同学们讲"什么是美""美与自然""美与生活""美与劳动""美与英雄模范人物"等相关内容，使同学们对美有了深层次的理解，小卓对同学们送自己的"昵称"也能欣然接受并正确对待了。

培养兴趣爱好

根据小卓的英语特长,家长、老师鼓励她参加了学校的"英语小课堂"培训班,在良好的英语教学环境中,小卓结识了许多新朋友,英语水平迅速提高,在英语口语大奖赛中,她因流利的演讲获得了"英语口语特等奖"。老师、同学对她的表现给予了充分的肯定,使她感到了生活、学习的快乐,再也没有出现过过度购买化妆品的强迫行为。

心理专家提示

小学生的心理既简单又复杂,有时看上去简单的话语,就容易让学生产生不良的心理状态,不及时调理的话,会导致严重的心理失衡,酿成大问题的发生。有些孩子本来是很轻微的心理问题,算不上什么病症,但如果贸然地告诉孩子有了心理疾病,反而会使其心理受到严重"打击"。因此,家长、老师应该特别注意学生的行为举止的微小变化,多与学生交流,掌握其内心深处的"秘密",多关心、爱护、体贴,以防发生不测。

 强迫心理

三十八、控制不住打电话

 案例

电话费猛增

爸爸的手机又收到了欠费提醒短信,让爸爸不解的是,这个手机号一直由女儿妞妞使用。爸爸妈妈由于工作忙,经常早出晚归,为了便于联系,爸爸便办理了附属卡,把这张电话卡让给妞妞使用,最近两周接连交了三次电话费居然还是不够用,问题到底出在哪里?

母女谈心知缘由

妈妈跟妞妞坐在一起谈起了话费的问题,妞妞怯生生地告诉妈妈,她最近一直在拨打一个热线电话。原来每天放学回家后,妞妞经常一个人玩到很晚,有一天完成作业后,妞妞无意中看到了一个未接电话,她好奇地拨打过去,是一个很有磁性的大哥哥的声音,妞妞一下子就被迷住了。在电话里妞妞跟

"大哥哥"聊了很久，好多不愿意对爸爸妈妈说的话都能得到"大哥哥"的回应，而且妞妞和爸爸妈妈很多有分歧的事情也得到了"大哥哥"的支持。妞妞觉得自己找到了"知音"，每天放学后都特别期待，盼望着能跟"大哥哥"多聊一会儿。总是想听到对方的声音，不打电话就觉得很失落，控制不住打电话的欲望。

解决方法

心理导航

妈妈找到心理专家，心理专家认为：由于妞妞自己长时间一个人在家，无法与妈妈爸爸交流，孤独感增加，郁闷无法宣泄，恰巧"热线电话"缓解了妞妞的孤独情绪，使孩子出现了强迫和心理依赖的表现。需要及时调整，避免强迫行为加重。

专业人员分析

爸爸及时请来了电信公司的朋友，让他从专业的角度给妞妞讲解"热线电话"的骗局。通过讲解，妞妞吓了一跳：不明的未接来电最好不要拨打，很多的"热线电话"都是骗局，通过不法手段获取他人的通信信息进行诈骗或者是套取高额话

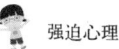

费。妞妞终于明白为什么最近的话费突然猛增了。

家人的陪伴

针对妞妞目前的状况，爸爸妈妈及时调整了工作时间，每天尽可能地留一个人在家陪伴妞妞，监督检查作业完成情况，与妞妞一起聊天、看电视、进行体育锻炼，妞妞感到了家庭的温暖与欢乐，孤独郁闷感也减少了很多。

集体的关爱

妈妈及时与老师交换意见，老师根据妞妞的居住地点，专门在同学中选了几个和妞妞住得近的同学，让同学们放学后陪妞妞一起回家写作业，并结成帮扶小组，在学习、生活中相互照应。有了同学们的陪伴，大家在一起开心学习、娱乐，妞妞再也没有觉得孤独，拨打电话的想法越来越少了。

培养兴趣

妈妈根据妞妞喜欢游泳的特点，特意与体校老师联系，让妞妞加入了业余游泳训练队。每天准时到游泳队训练，结交了新朋友，在训练中感受生活的充实，再也没有主动去打电话的念头了。

通过一系列的改变和帮助，妞妞彻底从拨打电话中解脱出来，每天的学习与游泳训练把生活安排得丰富多彩，妞妞的性格也逐渐开朗起来,她还经常以身说教,告诉同学们远离所谓的热线电话,提高警惕,增强防范意识。

心理专家提示

青春期的孩子,容易出现紧张、烦躁、空虚、郁闷等情绪,处理不好,严重时会造成情绪失控,形成强迫行为。若一下子改变,可能会引发其他的心理障碍,所以对孩子的强迫行为要疏导,缓慢地改变。

作为家长应该引起高度的重视,经常与孩子交流、沟通,把工作做在前面,尽可能地给孩子创造一个良好的生活环境,使孩子感到温暖与安全。

 强迫心理

三十九、出门前反复清扫

 案例

让人欢喜让人忧

刚刚升入四年级的小凯有了很大的改变,以前从来不关心家务事的他,开始经常帮忙扫地。看到孩子的进步妈妈特别高兴,逢人就夸自己的儿子长大了,能够帮忙分担家务。可是这份欢喜没有持续多久,妈妈就有了莫名的担忧。因为小凯每次扫地的时间很长,五分钟就能搞定的清扫他可以拖延到1小时,越催越慢。更让妈妈不解的是,每次扫地的行为都是发生在出门之前,只要说出门,小凯就会拿起扫帚清扫地面,每次都会因为出门前扫地而迟到或是爽约。对于小凯的行为妈妈竟然不知道是该高兴还是担忧。

心理图画找原因

爸爸带着小凯找到了心理专家,心理专家让小凯画了房树

人的图画,看到画面中冒着烟的烟囱,心理医生似乎有了答案。当心理医生轻声询问小凯最近爸爸妈妈有没有吵架时,小凯流下了伤心的泪水。

暑假的一天深夜,小凯背着爸爸妈妈躲在屋子里玩游戏,突然爸爸妈妈的争吵把小凯吓了一跳,最近他经常看到爸爸妈妈吵架,自己不知道该怎么帮助爸爸妈妈,心里很乱。这时他听到妈妈说要和爸爸离婚,小凯顿时觉得天塌了,他不想失去爸爸妈妈,他想要一个完整的家。那一晚,小凯伤心得哭了很久,他不知道该怎么阻止爸爸妈妈离婚。

从那晚开始,小凯觉得自己需要为爸爸妈妈做点什么,也许他们就不会离婚了。于是,他帮妈妈扫地,不停地扫地,让时间多停留一会,他怕离开家回来后,就见不到爸爸或妈妈了,只有不停地扫地。

解决方法

心理导航

听了小凯的诉说,心理专家认为:小凯是受到爸爸妈妈要离婚的现实刺激,内心既无助又无力解决,不知怎么面对现实问题,通过反复扫地的形式把内心的焦虑、担心呈现出来。需

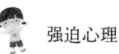

要及时加以疏导，避免强迫行为发展严重，影响到小凯今后的学习和生活。

心病还需心药医

当得知是由于夫妻争吵导致了孩子的异常行为时，爸爸妈妈非常后悔。他们拉着小凯的手，向小凯承认了错误，并保证今后有什么事情都要召开家庭会议，杜绝吵架。妈妈非常郑重地告诉小凯，妈妈不会和爸爸离婚的！当时吵架因为生气就说了狠话，想吓唬爸爸。听了爸爸妈妈真诚的话语，小凯悬着的一颗心终于落了地。

淡化强迫行为

在心理专家的建议下，每次出门前，妈妈都把时间提前规划好，留出小凯扫地的时间，而且也不再针对扫地的事情指责小凯，更多鼓励他帮妈妈分担家务，周末还增加了收拾餐桌、自己清洗内衣等其他家务活，让小凯在诸多力所能及的家务劳动中有条不紊、集中精力地完成每一项任务。经过一段时间的淡化，小凯出门前反复清扫的行为越来越少了。

家和万事兴

爸爸妈妈经常陪小凯参加各类公益活动，做志愿者。为了让小凯在生活中学会自我排解,爸爸带小凯每天坚持夜跑,通过体能锻炼,释放内心的压力和不快。

如今爸爸妈妈再也没有提及离婚的字眼,每当夫妻双方有矛盾时,就找小凯当"法官",让他来调和爸爸妈妈的矛盾。

心理专家提示

儿童由于心理还未成熟,对于一些突发事件无力处理,容易产生焦虑和担忧,因为内心情绪无法化解,很容易导致异常行为呈现出来。作为家长和老师要细心观察和留意儿童的行为,发现异常及时疏导,否则会影响到儿童今后的正常学习和生活。

 强迫心理

四十、总觉得门没有锁

 案例

反复确认是否锁门

10岁的珊珊最近有一个奇怪的行为：上学把门锁好后，走出十几米就在心里犯嘀咕："门有没有锁好？是不是没有锁呀？是不是窗户没有关呀……"然后，马上返回身往家跑，到了家门口仔细确认门已经锁好后才放心走。可是走出去几步后，又感到门没有锁好，又返回去看，这样来回反复确认好几次，把上学的时间都耽误了。

跟老师谈话诉原委

看到珊珊近期上课总是迟到，而且在课上心神不宁，老师主动找到珊珊跟她聊起了家常。经过一番谈话，老师才知道珊珊行为异常的真正原因。

原来，珊珊在法制宣传栏上看到了一个警示案例。"某小

区的一个女孩，上学出门时没有把门锁好，结果被盗窃分子乘机而入，把家里的财物洗劫一空。"这件事对她刺激很大，从此脑海里就不由自主地有了家门没有锁好的念头，预感到坏人会借机进门盗窃，越是这样想，越是害怕担心。于是，她不断地确认是否锁好了门，有时自己也感到担心过多，可就是控制不了反复查看门锁的行为，自己也很苦恼。

 解决方法

心理导航

老师与家长和心理专家联系，心理专家认为：珊珊最近出现的反常应该是强迫行为，由于过度焦虑、担心，对自己的所作所为不确定，需要反复确认。虽然这种行为是无效的，但自己无法控制，需要及时对其进行疏导，改变、减少重复无效行为的次数。

一起出门

为了及时缓解珊珊的症状，每天早晨由奶奶陪着珊珊一起出门，出门前一起关窗户、锁门，反复训练数十天。在上学路上，当珊珊头脑里产生门没有锁好的念头后，奶奶便认真地告诉她，门是两个人一起关好锁上的，坚定珊

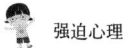 强迫心理

珊门锁好的信念。

建立备忘录

经过一段时间训练后,珊珊的情况逐步好转,为了巩固疗效,在心理专家的建议下,珊珊建立了一个"备忘录"。出门时,用一个小本子记录下门窗已经关好。当独自出门产生疑问时,拿出"备忘录"看看记载就放心了,避免了反复查看门锁的行为。

多种形式改变行为

有一段时间珊珊和爸爸妈妈调换了出门时间,由爸爸妈妈来完成锁门的任务,使珊珊紧张的心一下子放松下来。

爸爸还请小区的保安讲小区的治安情况,珊珊了解到小区的警卫制度、巡查都很严格,居委会的爷爷奶奶们都参与值班、巡查,小区的安全是有保障的。

妈妈带珊珊到同学家,与同学交流,使珊珊知道同学大多是自己锁门,没有什么问题发生。看到同学自己锁门轻松的样子,珊珊的心理也就逐步放松了。恰好同楼的一个同学也是自己锁门,两个人商量后决定,相互监督、确认门是否锁好。

经过老师、家长的通力配合,珊珊逐渐淡化了门是否锁好的事情,不再怀疑自己,对自己产生了信心,强迫行为的次数越来越少。

心理专家提示

现实生活中,有些学生或多或少会有一些强迫行为,发现这种问题后,千万不要慌张,更不要认为孩子患上了严重的心理疾病,要通过家人、同事、老师的帮助与引导,帮助孩子逐步地克服担心与焦虑的问题。

逆反心理

逆反心理是儿童发育过程中的一个必然现象，是儿童"自我意识"萌芽的标志。随着知识不断积累，见识不断增加，儿童要求独立言行的欲望显著增强，一旦有人违背自己的意愿，不合自己的意志，就会反感。

正常的逆反心理是儿童要求自立、自主的一种表现，过度了就不利于儿童的身心健康，容易导致固执、焦虑，产生对他人的怀疑、偏见与敌意，不利于改善人际关系。长此下去，会导致性格孤僻、心理不平衡，严重影响自己的形象。

发现儿童逆反心理后，家长千万不要采取强硬手段迫使孩子屈服，这样会使儿童失去自我意识、自我实践与探索的机会，导致事事没有主见，影响终身发展。家长应该科学地引导、鼓励孩子动脑筋、想问题。要珍惜儿童的好奇心与求知欲，用和蔼的语气与儿童交流，指出儿童想法与行为的错误之处，使儿童在明白道理的前提下，自觉地改正错误。

家长要原则性与灵活性相结合，对孩子提出的合理要求与想法，应该积极支持，甚至可以与孩子一起去实践。对于不合理的要求与想法，家长应该冷静，并学会引导孩子，通过恰当教育，使儿童明白道理，千万不要出现"顶牛"局面，加重儿童的逆反心理。

儿童自己也要学会控制自己的情绪，明白家长、老师是有学问的，对问题的看法肯定比自己强，知道尊重家长与老师的重要性。平时多学习，开阔视野，主动与家长、老师、同学交流思想，虚心听取别人的意见，不断提高自己分析问题、处理问题的能力，知道"谦虚使人进步，骄傲使人落后"的道理。

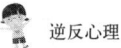 逆反心理

四十一、有一种早恋是妈妈说的早恋

 案例

现实版"谍战片"

妈妈跟踪瑛子很久了,在妈妈的心里只有一个念头就是女儿早恋了。这是让妈妈倍感担心,最不能接受的事情。发现端倪是在上学期,正值小升初的关键期,妈妈偶然在瑛子书包里发现一张纸条,上面写着一个住址。可无论妈妈怎么问瑛子都不说,妈妈改变策略,偷偷跟在女儿身后,发现开门的是一个和瑛子年龄相仿的男孩子。妈妈如同天降神兵突然出现,硬生生把瑛子拽回了家。

不能沟通的无奈

无论瑛子怎么和妈妈解释妈妈都认定了她早恋,无奈的瑛子此后一直都拒绝和妈妈沟通。让妈妈气愤的是瑛子还"屡教不改",经常背着妈妈偷偷跑出去。妈妈跟踪的足迹从公园到

电影院，从图书馆到各个小区，几乎跑遍了整个城市。每一次都感觉是瑛子故意气妈妈，成心让妈妈东奔西走。失去耐心的妈妈无计可施，找到了心理老师。

音乐联想吐实情

心理老师给瑛子播放了一首冥想音乐，随着乐曲的流动，瑛子对妈妈激动的情绪逐渐平复下来，跟心理老师聊起了妈妈说的"早恋"。

瑛子是班里的学习委员，11岁的她漂亮又善良，在同学中有很好的口碑和人缘。在一次下楼给老师送作业时，由于一摞本子挡住视线，瑛子迈楼梯时一脚踩空，差点摔倒。正好班里的体委经过，挺身拽住了瑛子，避免了摔倒，可是体委却因为用力过度，拉伤了右臂肌肉，校医建议体委在家休养半月。当时正值紧张的复习阶段，瑛子觉得因为自己而耽误了体委的学习，心里非常过意不去，于是她自告奋勇地跟老师约上了英语课代表一起去体委家送试卷、补习功课。可是没有想到被妈妈跟踪，还误会自己早恋。有一种早恋是妈妈说的早恋，瑛子心里对体委只有感激之情，同学之间的好感而已。因为妈妈不信任自己，瑛子很难过。她知道每次妈妈都在跟踪自己，于是就故意气妈妈，不管去哪里都不对妈妈讲，让妈妈着急。

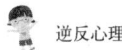 逆反心理

 **解决方法**

心理导航

心理老师认为瑛子由于被妈妈误解,被冠以"早恋"的名义,让瑛子对妈妈的所作所为产生了逆反的心理,经常故意跟家长作对,拒绝沟通,这些情况需要及时改善,否则会影响到亲子关系和孩子日后的性格发展。

母女和好如初

心理老师把瑛子的经历原原本本地告诉了妈妈,知道真相后,妈妈内心非常惭愧。在心理老师的建议下,妈妈跟瑛子承认了自己偏激的想法。瑛子对妈妈的反感少了很多,并理解了妈妈对自己的关心,母女俩终于回到了之前的状态,能够平等友好地相处了。

妈妈的改变

妈妈牢记心理老师的话"对青春期的孩子要给予更多的尊重和信任,平等相处"。为了表示感谢,妈妈主动提出和瑛子一起去体委家里看望体委,母女俩一起去超市买了好多食品,妈妈还听了瑛子的建议,到花店购买了一束代表纯洁友谊的大

丽花。看到妈妈的改变，瑛子很欣慰。

重建亲子关系

爸爸妈妈带着瑛子利用假期去各地游玩，在轻松的环境中，瑛子跟爸爸妈妈有了更多交流。用手机拍下旅途中的风土人情，用文字记录沿途的文化和历史，一家三口还经常凑在一起讨论、研究当地的美食制作。妈妈对瑛子结交朋友不再像从前那样敏感了，瑛子和妈妈还经常黏在一起评论什么样的人适合做男朋友，什么样的人适合做普通朋友，一家人其乐融融。

心理专家提示

进入青春期的青少年，开始有自己的独立意识，他们要求自主、平等、尊重。作为家长要及时学习并储备一些心理学的知识，了解青少年的心理需求，做到平等对待、尊重他们的选择，即便有分歧，也要遵循建议多于说教的原则。很多进入叛逆期的青少年不是变"坏"不听话了，而是对长辈和权威的要求相对提高了。只要给他们更多尊重、平等和信任，大家都是明事理的好孩子。

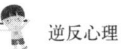 逆反心理

四十二、"挑战"身体极限

 **案例**

"危险"的游戏

患有病毒性心肌炎的小杜,经过医生的精心治疗,病情基本稳定,可是最近迷恋上了一种叫"捉螃蟹"的刺激游戏,这种游戏需要跑动,运动量大。可是,由于天性好玩,小杜早就忘记了自己要休息,运动量不可过大的医嘱,疯狂玩起了游戏。有好几次因为体力透支,引发病情加重。医生警告,再不注意的话可能会有生命危险。

无视家长的警告

妈妈不知道说了小杜多少次,可他就是不听妈妈的劝阻。虽然爸爸由于工作原因不在身边,但是每次在电话里也多次提醒小杜运动不要过量。尽管爸爸妈妈苦口婆心,可小杜就是我行我素,无视爸爸妈妈的警告。只要妈妈照看不到,他就偷着

跑出去玩。

解决方法

心理导航

无奈的妈妈咨询了心理专家,心理专家认为小杜由于处在逆反期,跟家长对着干的心理较为严重,听不进家长的话。但是同龄人之间的沟通会更容易些。

同龄人的帮助

在心理专家的建议下,妈妈主动到另外两个小伙伴家进行沟通,把小杜的病情讲清楚,希望他们配合,帮助妈妈做说服工作。两个小伙伴和家长非常理解妈妈的心情,在以后的游戏中以静为主,把重心转移到开发智力游戏上,而且还主动说服小杜注意休息,按时吃药,希望他的病尽快好起来。

以事实说话

俗话说:"耳听为虚,眼见为实。"为了让小杜彻底明白身体现状与康复的重要性,妈妈在主治医生的帮助下,让小杜接触了同龄病友,让这些已经康复的孩子介绍自己是怎样保护身体并尽快康复的过程。听完同龄人的介绍,小杜顿时感到自

 逆反心理

己盲目、大量的运动对身体影响十分可怕。

互相学习多受益

三个热爱运动的小伙伴凑在一起，充分发挥聪明才智，研究出了静止版"捉螃蟹"的新玩法。每个人动用画笔、画纸画出代表自己形象的螃蟹，在格子棋的棋盘上开始了脑力竞争。经常画螃蟹使他们的绘画技巧有了很大进步，惟妙惟肖，在老师的辅导下，他们还参加了学校的手工制作班，把形态各异、颜色丰富的螃蟹做成折纸，代表学校参加手工制作比赛，获得了一等奖的好成绩。

> **心理专家提示**
>
> 对于身体不好的孩子，要限制他们的运动与游戏确实有些困难，"训斥""堵截"的方法不可取，偏激做法更不可取，千万不要强拉硬拽，更不能简单粗暴去阻止孩子，应该在调查研究的基础上，找准问题的根本，通过"迂回"的战术，通过第三者去做工作，问题的解决可能就容易一些。

四十三、拒绝分享

案例

人长大度量变小

二年级的暑假,妈妈发现8岁的成成有了特殊的变化。为了准备去海边游泳的食物,妈妈特意去超市买了很多孩子们爱吃的零食。这次去海边是和小姨商量好的,除了成成还有小姨家的龙凤胎兄妹。妈妈考虑到孩子们的口味,每样食品都买了三份,可是晚上准备行李时,成成却把好吃的零食每样只带一份。

周末休息,同学们来家里找成成,在同学来之前,他把茶几上的零食都藏到了卧室。对于这样的变化,妈妈很不理解,一直告诉成成有好东西大家要一起分享,但是每次成成都对妈妈的建议置之不理,好东西从来不跟人分享。

心理医生来帮忙

妈妈回忆,以前的成成不是这个样子,到底是什么原因导

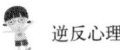 逆反心理

致成成拒绝与人分享？带着疑问妈妈找到了心理专家，希望能获得帮助，改变成成的现状。

心理专家利用沙盘道具让成成随意摆放，通过观察、询问，慢慢再现了成成变化的始末。

原来，成成的梦想是成为一名军人，所以他特别热衷游乐场的激光枪射击游戏，每一次激光枪射中气球爆破的那一刻，成成都充满了成就感。暑假他和妈妈同事的孩子一起比赛射击，看谁的枪法准，结果成成以优异的"战绩"拿到了毛毛熊的奖励，当时妈妈考虑到同事家的孩子小，没有征得成成的同意，就把毛毛熊从成成手中夺来送给了同事的孩子。那一刻的成成内心是埋怨妈妈的，埋怨妈妈不尊重自己的感受，自己的成就感就这样突然被剥夺，从这以后，成成就像变了个人。凡是妈妈想要送出去的东西，他都会极力阻止，似乎只有这样才会让自己的感觉好受些。

 解决方法

心理导航

听了成成的讲述，心理医生认为成成是因为妈妈对他的不尊重而导致叛逆，遇事和家长对着干，不听从家长的建议，喜欢抗衡，心结需要打开，否则会影响孩子今后的人际交往和认

知判断。

妈妈的道歉

当妈妈得知成成的改变竟是因为自己的无心之举，心里非常愧疚。诚恳地跟成成道歉，希望成成能够原谅妈妈的错误。一直以来让成成觉得不公平的事情得到了解决，他的内心敞亮了许多。

往日重现

在心理专家的建议下，妈妈找来同事家的孩子，两家人一起又来到了游乐场，两个孩子再次拿起了激光枪，经过一年多的时间，两个孩子都长大了，射击技术也都有了提高。每个人都得到了一份礼物，让成成意外的是弟弟竟然把他自己的礼物送给了自己。想到这么长时间以来，自己一直对送弟弟礼物的事耿耿于怀，成成不好意思地低下了头。

多种方式促进步

周末，爸爸妈妈陪成成到图书馆，一起查阅人类团结协作的史书记载；到电影院看纪录片，动物大迁徙的壮观场面让成成震撼，团结、合作、分享的力量可以战胜一切困难。爸爸妈妈还带成成去旅游，通过接触新的景物、新的朋友让成成越来越认识到分享的重要性。如今，成成会主动买来好吃的，邀请

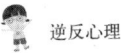

同学到家里一起分享美味。

心理专家提示

儿童的很多问题出自家长的引导，正确引导会对孩子未来的发展有帮助。叛逆期的孩子，需要家长有更多的耐心和责任帮助他们度过，切忌以家长的身份居高临下，随意替代孩子做决定。遇事多商量，对孩子给予更多的尊重，帮助他们顺利度过叛逆期。

四十四、为何要离家出走

案例

"失踪"风波

周末晚上爸爸妈妈陆续回到家里,却不见儿子小唐的踪影。开始以为是跟同学写作业,晚些时候到家,可是已经过了7点还没有回来,爸爸妈妈坐不住了。他们分头给同学、老师拨打电话,得到的回复是学校早已经放学,也没有同学跟小唐在一起写作业。难道小唐遇到了坏人?或者是失踪了?爸爸急忙来到小唐的房间查看,一张字条赫然摆在写字台:不要找我,我决定离家出走,去奶奶家清静几天,省得你们看见我心烦。

在校的表现

虚惊一场的爸爸妈妈面面相觑,因为他们实在找不出小唐离家出走的原因。无奈之下,妈妈给老师打了电话了解小唐在学校的情况。老师反映小唐比以前有主意了，脾气执拗，对老师的话不再像以前那样听从了，有时候还会跟老师争辩，也会为一些事情跟同学们争得面红耳赤。不了解不知道，听了老师的反映，爸爸妈妈吓了一跳。

走进咨询室

带着种种困惑，爸爸带着小唐找到了心理专家。面对心理专家小唐一脸不以为然，死活不开口说话。

为了缓和尴尬的气氛，心理专家让小唐抄了几行心理学大咖的名言，小唐不情愿地写了几行字交给心理专家。看着笔迹，心理专家逐字逐句地为小唐分析：你的内心有矛盾冲突，会有一些小纠结，遇事不够果断，对人对事要求完美……通过几行字心理专家就把小唐分析得这么透彻，让小唐佩服不已。他对心理专家开诚布公地说出了自己最近的烦恼。

12岁的小唐喜欢体育运动——长跑，他想通过自己的努力进入体校，为了梦想每天都坚持跑步锻炼，可是妈妈不同意，认为小唐应该把精力全部集中到学习上，不允许小唐长跑锻炼。为此小唐跟妈妈经常吵架，闹着要转到寄宿制的学校，脱离妈妈的"魔掌"并声称如果不转学就逃学，离家出走。希望以这种方式让妈妈同意自己的梦想，可是妈妈却铁了心不接受小唐上体校。

 解决方法

心理导航

了解了事情的经过后心理专家认为：妈妈粗暴强硬的干涉导致进入青春叛逆期的小唐开始逆反，无视家长的建议、蓄意挑战学校老师等权威，这种情况需要及时纠正，正确引导，避免影响到孩子今后的生活。

引导孩子

心理专家和小唐认真地谈心，告诉小唐不管在什么情况下，都要尊重妈妈，如果妈妈不对，可以心平气和地和妈妈谈，也可以找爸爸或老师帮忙，不能和妈妈大吵。要多理解妈妈，放学后主动帮助妈妈干些活，在不影响作业的前提下，主动向妈妈汇报当天的学习和学校的情况，增进母子之间的感情，小唐点头同意了心理专家的意见。

彼此理解

在心理专家的建议下，小唐和妈妈进行了充分的沟通。因为母子之间缺乏沟通和相互的理解，所以产生了严重的误会。

在老师和心理专家协调下,母子进行了数次交谈,双方把想法、担心、要求、期望都痛痛快快地说了出来。妈妈说是自己太武断,把自己的想法强加给小唐,又不给孩子谈梦想的机会,不去了解小唐的感受,为此妈妈深表歉意。

深入体校了解

爸爸妈妈带着小唐来到体校,了解体校的教育宗旨和教育机制,听取体校老师的建议。通过深入了解,让小唐对自己的未来有了明确方向。他决定把长跑作为自己的业余爱好,目前全力以赴冲刺小升初的考试。

学习锻炼两不误

为了让小唐的爱好和学习两不误,爸爸带着他有选择地参加户外长跑活动,通过和更多的体育爱好者接触,小唐懂得了很多参赛规则,明白了体育锻炼带给人的最终目的是强身健体,学习文化知识是基础,只有打好了基础才可以构建高楼大厦。更可喜的是,小唐的性格也发生了改变,他和妈妈之间的沟通也顺畅了,母子俩经常在一起探讨现状,憧憬未来,再也没有争吵过。

心理专家提示

　　进入青春期的少年对母亲或多或少会有一些排斥，母子间应该多加强沟通和交流，否则就容易引起误会。作为母亲要多接触社会，了解当今社会的情况，正确地看待孩子，引导孩子，批评教育孩子，既不要过度地"卡、压、训"孩子，又不要放纵孩子。了解叛逆期孩子的心理特点，适时与他们沟通，及时掌握孩子的心理动向和情感需求。

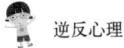 逆反心理

四十五、要做男子汉

 案例

爸爸的啤酒去哪儿了

夏天喝啤酒是爸爸的一大爱好,有时候妈妈也会陪爸爸喝一杯解渴。可最近奇怪的是爸爸放在冰箱里的啤酒少了,开始爸妈并没有在意,因为妈妈在炖鱼的时候会放啤酒调味。经过询问妈妈最近并没有用到啤酒,那啤酒会去哪儿呢?当爸爸妈妈的眼光转向儿子大伟的时候,大伟慌忙躲闪,经过爸妈的一轮"轰炸式"逼问,大伟承认是自己偷喝了啤酒。小小年纪竟然学会了喝酒,爸爸一通责骂后,赶紧带着大伟找到了心理老师。

对男子汉的定义

在心理老师耐心的指导下,大伟说出事情的原委。原来大伟从小受爸爸的影响喜欢看武打影视片,在大伟心里一直认为

193

真正的男子汉就是大碗喝酒，大口吃肉，身纹图腾，肌肉健壮。所以，大伟就模仿大侠们的言行举止，想成为大侠那样真正的男子汉。平时在家里，爸爸经常叫上朋友一起饮酒吃喝，大伟觉得自己也和爸爸一样，作为男子汉需要有畅饮的豪爽气概，于是他偷偷背着爸爸妈妈在家里练习喝酒，还计划等年龄再大点就去店里纹身，这样就离男子汉的目标更近了。

解决方法

心理导航

听了大伟对男子汉的定义，心理老师认为正值青春期的孩子由于家长的错误影响，导致孩子出现了认知偏差，混淆了是非原则，加之叛逆期逆反心理严重，对新鲜事物充满好奇心，尝试欲望强烈，如果不加以正确引导，会影响孩子今后的人生观。

知错就改的父母

心理老师跟大伟的父母进行了认真谈话，告诉他们父母的言行会潜移默化地影响孩子，言传身教是最好的教育。知道错误的爸爸妈妈下决心先从自身改变开始，爸爸不再沉迷于武打影视片，而是跟大伟一起看科教纪录片，了解世界各地的风土

人情;到家里来喝酒的客人也越来越少了,爸爸妈妈有更多的时间陪伴大伟学习。对于大伟的一些问题和错误,爸爸不再责骂,而是心平气和地跟大伟一起探讨解决。

请老师支援

妈妈找到老师,希望通过老师的帮助使大伟的逆反心理有所减轻。老师在班里召开了"男子汉该有的样子"主题班会,在会上,好多同学都发表了自己对男子汉的定义。老师还专门请来消防战士,通过战士们的讲述,大伟明白了真正的男子汉是造福社会、奉献他人的热血男儿,是无畏艰难、勇于攀登的勇士。大伟对战士们充满了崇敬之情,参军的想法在内心油然而生。

请教皮肤科专家

妈妈带大伟找到皮肤科专家,专家明确告诉大伟纹身对身体是有害无益的。一些没有资质的小店,利用消费者追求模仿影视表演中的角色,把不合格的药水通过皮肤渗透进身体里,对青少年的身心健康都会造成严重的伤害。特别是青少年在今后升学、就业、征兵等环节都会出现问题。一旦纹身后再想恢复就很难实现了,除了要付高昂的医药费用外,还要承受身体带来的痛苦。听了专家的讲解,大伟庆幸自己没有纹身,否则自己的军人梦就破碎了。

科学锻炼塑身材

爸爸理解大伟想成为男子汉的想法,带他报名参加了格斗搏击俱乐部,在专业教练的指导下,大伟系统学习了散打的动作要领,经过一段时间的训练,大伟的身体变得强壮了,矫健结实的手臂肌肉让大伟颇感自豪,老师和同学们也投来羡慕的目光。经过层层选拔,大伟代表俱乐部跟队友们参加了散打比赛,获得团体一等奖。这时候的大伟觉得自己是真正的男子汉。

心理专家提示

叛逆期的青少年身体发育趋于成熟,但是在心理上还很幼稚,对事物的看待不够全面客观,如果不注意及时纠正、引导他们,就会酿成大错。作为家长和老师要及时了解他们的心理需求,积极进行沟通,逆反心理或行为标志着孩子拥有了自己的独立意识,需要积极看待,不要一味否决。

抑郁心理

抑郁心理是一种自我封闭、内心苦闷的心态，是不愿意暴露自我，刻意压制自己的思想、性格及行为的心境表现。多数人或多或少都出现过抑郁心理，但由于自身及时调节与疏导，没有导致"心病"的发生。少数儿童由于自身调控能力差，长期处于抑郁状态，最终引发"心病"。抑郁症主要表现为情绪低落、思维迟缓和意志减退三个方面。有的还伴有失眠、焦虑、终日闭口不语、无限忧伤、经常以泪洗面、感到自己是个罪人、自责自卑甚至出现自杀的极端想法。

以往，由于人们对心理健康不重视，常常会把儿童抑郁心理看作小事情，任其发展下去，引发了许多惨痛的悲剧。

积极参加集体活动、多与外界沟通、营造良好的家庭环境是防止抑郁症发生的有效措施。因此，家庭、学校要关爱儿童，努力营造良好的生活学习氛围，加强思想教育工作，普及心理学知识，给儿童创造一个健康的成长环境。

四十六、礼物被送人之后

案例

小昇怎么了

最近小昇晚上严重失眠,吃饭也不香,人很快地消瘦下来。对家里的其他事情也不怎么关心了,就连平时喜欢的电视节目都失去了兴趣。还经常把自己关在屋子里,不愿意外出见人,很少和妈妈说话。

在学校上课无精打采,同学们喊他一起去锻炼,他也总是借故推辞不去,学习成绩迅速下降。

心爱的礼物被送人

小昇到底遭遇了什么?妈妈把他带到心理咨询室,心理老师跟小昇聊了起来。

小昇的爸爸在国外工作,一次探亲回家特意从国外给他带回来一个精致的航模,小昇喜欢得不得了,几乎每天都要看上

 抑郁心理

两遍。在他的心里航模不仅是物件,还寄托了他对爸爸的情感和思念。

一天他外出时,恰好妈妈的同事带孩子来家里做客。同事家的小男孩见到精致、逼真的航模爱不释手,临走时提出要把航模带回自己家玩几天。小昇妈妈觉得同事家的孩子小又碍于面子,没有拒绝,干脆把航模送给了小男孩。

看到自己心爱的航模不见了,小昇连忙去问妈妈,妈妈无所谓地告诉他,航模已经送人。小昇觉得妈妈不讲道理,没有经过自己的允许就把礼物送人是对自己的不尊重,妈妈却认为小昇应该把精力放在学习上,少了航模可以再买,错过了学习是一辈子的大事。母子俩一言不合就开始了争吵。

从这以后,小昇不怎么跟妈妈说话了,他知道自己无论怎么也争论不过妈妈。每天妈妈下班,他就躲到自己的房间里写作业不出来,星期天他就借故跑到奶奶家,要不就在小区到处走,反正就是不愿意看到妈妈。一想到心爱的航模就睡不着,心里总觉得很堵,却又无处诉说自己的苦楚,很长时间以来对什么事情都提不起兴趣了。

 解决方法

心理导航

谈话结束后,心理老师认为小昇目前的表现处于轻度的抑

郁状态。因为心爱的礼物被妈妈随意送人，内心的感受得不到家长的理解，自己又无力排解，致使负面情绪在心中累积，得不到宣泄，造成情绪低落，对什么都失去了兴趣。这种状况需要及时疏导和排解，否则会加重抑郁情绪，导致无法挽回的结果。

得失平衡

心理老师拿出一幅图画让小昇只看阴影部分，看到了一位老奶奶的头像，又让小昇只看涂白部分，这次看到的是小女孩的头像，同一幅画竟暗藏玄机。心理老师告诉小昇，每个人看事物的角度不同，得到的结果就会不同。就如航模，不送人收获的是对爸爸的思念，送给比自己小的朋友，收获的是长大、成熟、懂谦让的美德，送与不送都会有所收获。小昇若有所思地点点头。

心理老师建议小昇可以用电子邮件、微信视频聊天等方式跟在外工作的爸爸联络。既可以排解思念又能相互沟通。

相互道歉

在老师的特意安排下，小昇与妈妈坐在了一起，老师善意地指出了妈妈不经允许就把礼物送人的不妥当做法，还指出妈妈在说话方式上简单、粗暴，乱给孩子扣"大帽子"等问题。妈妈诚恳地承认了错误，表示今后一定要跟小昇多商量，遇事

 抑郁心理

想着"尊重"二字。

第一次接受妈妈的道歉,小昇有了被尊重的感觉。同时他也意识到了自己的问题:对妈妈不友好的态度;遇到问题采取回避、冷淡的做法都不好。应该积极与妈妈交流思想,把心里的感受讲给妈妈听,用积极的态度解决问题。

失而复得

经历了一场"风波",妈妈及时给国外的爸爸打了一个电话,首先承认了自己不尊重孩子的错误,并告诉爸爸下次回国给小昇再带回一个同样的航模。听到母子俩顺利地解决了问题,爸爸倍感欣慰。不久后,小昇收到了爸爸从国外寄来的礼物,打开一看,正是他朝思暮想的航模。

心理专家提示

大人应该学会尊重孩子,善于与孩子进行沟通,不要认为是小事,就可以未经孩子的许可,擅自决定一些事情,更不能随意给孩子扣"帽子",以大压小,以强欺弱。孩子也要学会理解家长,不要与家长计较太多,积极主动地与家长进行沟通。

四十七、被人冤枉的滋味

案例

白天挂窗帘

周六的上午,妈妈看到果果的房间挂着窗帘,以为她在睡懒觉,等到了中午妈妈喊果果吃午饭时才发现屋子里还是黑黑的,果果正在写字台看书。妈妈顺手拉开了窗帘,可是果果迅速地又把窗帘拉上了。妈妈奇怪,窗外艳阳高照,为何要摸黑开灯看书?果果没有直接回答妈妈的问题,只是自言自语地说:看不到人清静,不想见到太多的人。

老师同学的反馈

在班里果果是非常活跃的人物,学习好,善于助人为乐,大家都喜欢与她玩。可是最近她像变了一个人似的,不愿意与同学们讲话了,脸色特别的难看,老是低着头,生怕与同学的目光相对。上下学的路上老是躲着同学,急匆匆地一个人走,连招呼都不打。更为奇怪的是不接同学的电话,班里的集体活动也不爱参

 抑郁心理

加了。听了老师和同学的反馈，妈妈觉得事情有些严重。

细说原委

在妈妈的陪伴下，果果找到了心理老师，诉说了这段时间以来憋在心中的委屈。

大约在半个月前，果果去同学家玩，同学把一个很珍贵的外币红包拿出来给果果欣赏，这是同学的亲戚从世界各国搜集的外币，通过外币可以了解到每一个国家的标志性建筑或有重要贡献的人物，很有收藏价值。果果开了眼界，非常喜欢，欣赏后，很仔细地帮助同学把外币放进了红包里。让果果想不到的是第二天上学时，那个同学突然不跟自己讲话了，还对其他同学讲自己的外币丢了一张，用一种非常不友好的目光瞟了果果一眼。这种目光让果果感到非常不自在，被冤枉的滋味真是不好受。也不知道是怎么了，顿时感到像是做了贼似的，脸上羞红，火辣辣的，好像周围的眼睛都在盯着她，看到别人说话，总认为是在议论自己是小偷。此后的每一天果果都度日如年，她不愿意跟任何同学接触，不想让别人说自己是小偷，所以回避见人。

 解决方法

心理导航

老师根据果果的述说，认为果果出现了轻度的抑郁情绪，

需要及时疏导，缓解她的心理负担和压力。如果不及时介入将会导致病情加重，影响孩子未来的发展方向，形成封闭性人格，后果不堪设想。

澄清事实

在老师的配合下，找到了丢失外币的同学家长，经过一番查找，终于在床底的缝隙里发现了"丢失"的外币。原来是在两个人欣赏的时候，一张外币滑落，正好掉在了床底的缝隙里，当时两个人的注意力都在床上的外币上，没有人注意到。后来同学清点时发现少了一张，误以为是果果偷拿，造成了误会。

及时道歉

误会果果的同学在老师的陪同下，专门向果果道了歉。承认由于自己的粗心大意，错怪了果果，希望得到果果的谅解。当事实得到澄清之后，果果一下子找到了"平反昭雪"的感觉，内心的苦闷和抑郁一扫而空，觉得生活又充满了阳光。

开班会消除影响

为了消除果果在同学中的"坏名声"，老师召开了团结、信任、和谐的主题班会。在会上两个人重归于好，果果也被"平反昭雪"，重新得到了同学们的信任。

淡化行为

在心理老师的建议下,妈妈不再强硬地拉窗帘,而是给果果一个心理缓冲期。每天陪伴果果一起听轻松欢快的乐曲,陪果果到小区各处走走。经过一段时间的恢复,果果又和从前一样开朗起来。

心理专家提示

儿童的心理防线比较脆弱,思维也比较"较真儿",他们很注重自己的名声,容易把小问题看得很严重,特别是对于"偷""窃""拿"等词语更加谨慎与小心,需要引起人们的高度重视。由于心理承受能力差,即便是与自己没有任何关系的"丢"东西,只要自己在现场,也情不自禁地会出现脸发红、心跳加快、呼吸急促的现象,好像真的是自己偷了似的。这一点,家长、老师应该引起高度重视,及时给孩子安抚与疏导,防止引发严重的问题。

嫉妒心理

嫉妒心理是指对比自己强的人产生怨恨与愤怒，它是一种比较复杂的混合心理。嫉妒心几乎人人都有，只不过轻重程度不同而已。有些儿童因发现别人比自己好，不甘落后，发愤图强，终于取得好成绩，这种嫉妒便成了前进的动力，产生了积极的效果。但是大多数的嫉妒属于不健康的心理，应当认真克服。

嫉妒心强的儿童，往往不能与同学相处，看不到同学的优点与长处，容易焦虑，不允许同学超过自己，一旦看到同学超过自己，就可能产生绝望与过激的想法，甚至自寻烦恼，铤而走险，发生报复、伤害等严重事件。

儿童的嫉妒一般发生在同学、朋友之间，原因多种多样。有的是因为同学学习成绩比自己好、同学的衣服漂亮、同学的玩具新鲜、同学吃得好、同学不听自己的话、同学受到老师表扬等。

克服嫉妒心理应该做到三点：一要认识到嫉妒的危害性，明白嫉妒影响身心健康，是破坏团结、自寻烦恼、扭曲人间美好事物的"恶魔"。二要正视自己，停止与同学、朋友的较量，淡泊名利，互相学习，取长补短，共同进步。三要加强学习，使心胸豁达开朗，明白每个人都有自己的优缺点，勇敢地承认对手比自己强，变嫉妒为前进的动力。

四十八、不允许跟别人好

案例

亲如姐妹

璇璇与小芳今年都 11 岁,是一个班的同学,住在同一个小区,两个人从小一起长大,两家人也因此结缘,经常一起结伴出去旅行、看电影、听音乐会、看画展等,有好吃的两个人一起分享,两个小姐妹经常是形影不离,好得让人羡慕。

有目共睹的变化

最近大家都发现了两个人之间的微妙变化。小芳经常对璇璇无缘无故地大吼大叫,丝毫不念往日旧情。有一次璇璇请假休息,老师让小芳把作业本捎带给璇璇,结果小芳以忘记带为借口,导致璇璇在第二天没有交上作业,受到了老师的批评。

究竟发生了什么

璇璇跟小芳之间到底发生了什么,不仅两个人的友谊岌岌

 嫉妒心理

可危,而且两个人都有不同程度的情绪反应。班主任带着她们找到了心理老师。

经过了解,让两个人发生矛盾的导火索竟然是新转来的同学小旭。小旭为人和善,跟璇璇之间有很多共同点,特别是小旭对漫画很有研究,对喜欢绘画的璇璇来说等于找到了"知音",所以两个人经常在一起探讨绘画技巧。可是在小芳看来,小旭的出现让璇璇冷落了自己,所以心里很不是滋味。她开始处处嫉妒小旭,嫉妒她会画画、嫉妒她跟璇璇好、嫉妒她学习好……可是她拿小旭没有办法,便把一腔怒气撒到了璇璇身上,有机会就给璇璇找麻烦,以示警告。

 解决方法

心理导航

心理老师认为:新同学的出现导致了小芳嫉妒心加重,因为嫉妒,不允许自己的好朋友结识新同学。这种情况需要及时进行调整,否则不仅影响同学关系,还会加重负面情绪,对其今后的人际交往产生不利的影响。

团体绘画获感悟

心理老师在班里给同学们出了绘画命题"团结",让每一个

同学在同一张纸上共同完成绘画。经过全班同学的努力,一张画面丰富的彩色绘画完成了。接着心理老师邀请了小芳、璇璇和小旭分别讲了自己作画时的感受。最有感触的是小芳,她通过共同绘画的完成意识到:每个人都有自己的位置,不管位置是否重要,都是组成画面的一部分,不可或缺,无论少了哪一块都会对画面的完整性产生很大的影响,导致不完美也不丰富。看到小芳有了深刻的感悟,老师和同学们热烈地鼓掌为她祝贺。

家庭教育不能少

小芳的妈妈为了帮助女儿克服嫉妒心理,专门从网上下载了由于嫉妒心导致的突发事件带给大家的警示案例,使小芳能真切地感受到嫉妒心确实要不得。为了拓宽小芳的心胸,妈妈带她参加了图书馆的志愿者活动,每周小芳都会以志愿者的身份进入图书馆,帮助工作人员整理书籍,维持秩序。公益活动让小芳接触到了不同年龄、不同层次的人群,看到了现实中的"真、善、美",懂得了为他人着想、无私奉献的道理,并亲身体会到帮助他人给自己带来的快乐。

和好如初交新友

经过一段时间的调整,小芳变得开朗乐观了,她主动找到璇璇承认了自己的错误,两个人和好如初。同时,小芳还帮助新同学小旭在图书馆获得了志愿者的身份,两个人也经常在一

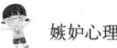

起参加志愿活动,通过接触,小芳觉得小旭身上有很多值得自己学习的地方。现在,三个人成了心照不宣的好朋友,每天开开心心地上下学,学习上互相帮助,生活中相互取长补短,再也没有看到她们闹意见。

心理专家提示

儿童对友谊的理解比较简单,有时认为友谊就是自私的,长此下去,就会形成不良的心理,甚至还可能会引发精神,或者心理方面的严重疾病,因此家长、老师、学校、社会,应该认真地加以引导,开展健康向上的教育,使孩子养成良好的处事心态,学会调节自己的情绪,树立信心,克服嫉妒心理。

四十九、你有我有全都有

案例

不知足的乐乐

乐乐今年10岁，在家里爸爸妈妈很宠爱他。从小到大对乐乐的需求几乎是有求必应。乐乐喜欢汽车，爸爸每次出差肯定会给他带回新款的汽车、赛车模型；有一阵子乐乐对漫画着了迷，妈妈专门带着乐乐跑遍了大小图书城购买漫画刊物。最近让爸爸妈妈头痛的是乐乐整天黏着他们要买钥匙链，经过询问，这个钥匙链是乐乐同桌的亲戚去欧洲旅行专门订制的，无处可买。看着不知满足的乐乐，爸爸妈妈无可奈何。

隐隐地担心

过了一阵子，乐乐不再念叨买钥匙链了。爸爸妈妈内心松了口气，认为是时间长久，让乐乐淡忘了。不过乐乐现在每天放学到家后总神神秘秘，把自己关在屋子里很久才出来，即使是爸爸妈妈敲门也要等半天才给开门。看到乐乐越来越不快

 嫉妒心理

乐,爸爸妈妈隐隐地担心乐乐有了心病。

丢失的钥匙链

爸爸带着乐乐找到了心理专家,希望心理专家能打开乐乐的心扉,找到让他不快乐的原因。

原来,乐乐喜欢跟人攀比,在心里他一直跟同桌暗暗较劲儿,同桌有什么乐乐就要有什么,唯独这个特制的钥匙链乐乐一直没有比过同桌。恰巧有一天放学做值日时,乐乐发现同桌的钥匙链落在了课桌里,一个"邪恶"的念头滋生了。乐乐不声不响地把钥匙链放在自己的衣兜,假装什么都没有发生。到了周一上学,乐乐跟同学们显摆自己也有一个定制的钥匙链,没想到下午放学老师就把乐乐叫进了办公室,说乐乐同桌向老师反映自己钥匙链丢了,恰巧乐乐也有同样的钥匙链,问是不是乐乐捡到了。乐乐摇头否认,不过老师告诉他,丢失的钥匙链有个不为人知的小特征,就是在钥匙链反面不显眼的地方刻有同桌名字的首写字母。回到家里乐乐赶紧查看,果真是刻有字母,他一下子不知道该怎么办了。

 解决方法

心理导航

了解了经过的心理专家认为:乐乐由于跟人攀比,嫉妒心

越来越重，导致其在贪欲面前迷失了自己，做出了不该有的错误行为，需要及时制止，调整心态，改变认知，避免日后有更严重的错误行为发生。

及时教育

心理专家打开电脑，让乐乐观看了嫉妒心引发的各类刑事案件，给乐乐敲响了警钟。看到若有所思的乐乐，心理专家给乐乐讲解了嫉妒心的产生、嫉妒心的改变、如何克服严重的嫉妒心理等专业心理学知识。通过观看影片，乐乐明白了嫉妒心带给人的心理扭曲是可怕的，庆幸自己没有被嫉妒心理控制到无法自拔。

勇于承担，真诚道歉

老师单独把乐乐和同桌叫到了办公室，给他们两个人安全的空间。乐乐诚恳地向同桌道歉，并把钥匙链小心地放到同桌手里，希望得到同桌的谅解。

重获友谊

经历了钥匙链的风波后，乐乐和同桌成了好朋友，当得知同桌跟自己一样喜欢汽车模型后，乐乐主动邀请同桌到家里欣赏各类汽车模型，并把一款同桌喜欢的模型送给了他。同桌为了表示谢意，专门委托亲戚从欧洲订制了一款一模一样的钥匙链送给了乐乐。两个人从不担心会把同款钥匙链拿错，因为钥

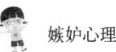 嫉妒心理

匙链的反面分别刻了两个人名字的首写字母。

家庭教育把握方向

通过这件事情,爸爸妈妈意识到自己教育孩子的方向是不对的,于是一改往日的溺爱,很多事情都会跟乐乐沟通。他们经常带着乐乐到儿童福利院把一些玩具送给孤儿们,通过环境的熏陶和改变,乐乐变得有爱心、有责任心,跟同学之间也不再攀比,并且能够正确对待自己和别人的差异。

心理专家提示

儿童由于心智不成熟,看待问题不全面甚至是混淆不清,需要家长、老师、社会的共同努力,为他们打造健康良好的生活环境,避免由于心理问题导致性格偏激甚至是心理扭曲,需要对他们的过错给予更多的正确引导,让儿童的心理发展在可控范围内,顺利度过青春期。

厌学心理

厌学主要表现在对学习产生恐惧，心理失去平衡，情绪无法控制，对于上学、上课外班、做作业心理上有很大的压力，迫于父母不得不学，从而造成了严重的心理疲劳，引发严重的神经紊乱，产生条件反射。如面对作业、课外补习班，就会出现反感、浑身无力、头痛、恶心、咳嗽、小便多、四肢抖动、不专心听讲、做小动作、乱写乱画等。有些儿童还产生了严重的对抗心理，对父母的强硬态度，以言语反驳，以行动抵制。如说自己肚子痛，不能去课外班了；说自己头痛，不能做作业了；说自己眼睛近视，无法看书了等。

有些家长认为孩子故意调皮捣乱，不理智地以粗暴的方式对待孩子的异常行为，最后导致儿童神经衰弱，无法正常地学习与生活了。

发现儿童出现厌学情绪后，家长不要紧张，更不能焦虑不安。要记住，孩子的心理承受能力有限，千万不能把自己的意志与愿望强加给孩子，绝对不要给孩子提过高的要求。在学习上要根据孩子的兴趣、爱好，给孩子创造宽松和谐的环境，给孩子留有余地，让孩子对学习保持兴趣。

对于给孩子报课外班的问题，家长不要一言堂，要多征求孩子的意见，结合孩子的性格特点，有选择地给孩子报班，不要把孩子的"心"压"死"。

平时，父母应该多带孩子到大自然中去，让孩子在自然的环境中感悟生活，感受童年的快乐。多鼓励孩子与小朋友交流、做游戏，使孩子在快乐中健康成长起来，把学习变成轻松的事情。

 厌学心理

五十、就是不想上学

 案例

不想上学的学生

最近让妈妈头痛的是每天早晨要不断地催促小毅,从起床开始,闹铃上了无数个,但是对小毅却不起任何作用。忙着做早饭的妈妈还要不断地进卧室招呼小毅起床,小毅经常因为赖床而迟到。尤其是每到周日晚上,小毅会黏着妈妈一遍又一遍地重复着不想上学。这一切弄得妈妈焦头烂额,不知道该怎么改变现状。

转学带来的问题

妈妈请来了心理老师来帮助小毅,经过耐心地开导,小毅说出了自己心里的"苦"。

小毅从小跟奶奶在老家生活直到上学,在学校他跟老师同学相处很融洽,每天都能开心地学习玩耍。由于奶奶身体不好,妈妈把小毅接回了城里的家,在新的学校上学,面对不熟

悉的环境和陌生的面孔，小毅觉得有些不知所措，而且他说话的口音经常被同学取笑，所以他不敢跟老师和同学们说话。城里的学校学习任务很繁重，教学进度比老家的学校要快很多，家庭作业成了小毅的负担，每天都要写到 12 点才能完成。这些变化让小毅很不适应，他总是想念老家的老师和同学们，对这个新学校没有一点好感，甚至开始排斥。

解决方法

心理导航

心理老师认为：小毅由于转学对新的环境不适应，学习压力大，缺乏与同学的交流与沟通，没有宣泄的时间与场所，出现了厌学心理，必须及时地加以疏导和帮助，否则将会引发其他方面的问题。

老师同学来帮忙

知道了小毅的事情后，老师批评了取笑小毅的同学，并要求他们向小毅道歉；班长与小毅结成了帮扶小组，在学校由班长负责对小毅进行文化课的辅导；生活委员找和小毅居住在同一小区的同学，大家约定好每天一起上、下学。倍感孤独的小毅一下子拥有了很多同学的陪伴，心里觉得暖暖的，很快就和

 厌学心理

同学们融为一体。

家教辅导来助力

妈妈专门请来了大学生家教,因为曾经有过类似的经历,家教能够理解小毅的感受,跟小毅沟通起来也很顺畅。除了跟着家教学习文化知识,小毅还学会了用积极的态度处理问题,懂得了遇事要勤与人沟通。在家教耐心的辅导下,小毅各科的学习成绩已经赶上大家,更让人欣慰的是,新增加的英语课让小毅产生了浓厚的学习兴趣,每次测验都能拿到满分的好成绩。

与老家的人叙旧

为了缓解小毅对老家同学、老师和奶奶的思念,每个周末妈妈都安排时间让小毅通过网络视频的方式与他们取得联系。近距离地见到了日夜想念的人,大家在一起诉说着彼此的喜怒哀乐,一些不能诉说的"小秘密"又有了安放之所和倾诉的对象,这让小毅的心里觉得既踏实又安全。

爸爸妈妈常陪伴

爸爸妈妈鼓励孩子积极参加集体活动,在学校、中队、居委会组织的各种有意义的活动中,爸爸妈妈还主动参与,帮助小毅找资料、制作工具。给小毅讲革命英雄人物的故事,用身边的模范人物去激励小毅面对生活中的困难。有时间一家三口

还一起去图书馆读书，或是到影院观看英文版大片，丰富了小毅的业余生活。

奉献他人

变得积极乐观的小毅主动提出参加为自闭症儿童组织的义务募捐活动，把自己不用的玩具、学习用品、小礼物等进行拍卖，把所有拍卖得来的钱全部捐献给自闭症儿童机构。由于小毅在活动中的出色表现，他被邀请为自闭症儿童活动的志愿者，每次活动都积极参与奉献，还把在学校结识的新朋友带到活动现场，大家一起各尽所能，义务帮助需要帮助的孩子们。

一段时间过后，小毅厌学的心理消失，每天他都能快乐地学习与生活。

心理专家提示

厌学心理不能忽视，造成厌学的原因也是多方面的。家长和老师需要及时关注儿童的思想和情绪，环境的改变、亲人的离别都会导致儿童情绪低沉，由于年龄小，承受能力相对要弱，要付出极大的耐心帮助他们树立积极的思想意识，提高抗挫能力，避免厌学情绪加重，造成无法挽回的严重后果。

 厌学心理

五十一、"小霸王"的孤独

 案例

每逢周一肚子痛

虎子最近得了"怪病",每个周一的早晨总是在准备上学的那一刻肚子痛,所以每周都要请假休息一天,为此耽误了不少功课,学习成绩越来越差,虎子越来越讨厌上学了。这可急坏了爸爸。爸爸文化水平不高,但他非常希望虎子有出息,所以在学习上对虎子要求特别严格,绝不能容忍虎子无休止地请假。

听老师反馈

爸爸给老师打了电话了解情况,根据老师的反映,虎子在学校的表现并不是家长说的体弱多病,他的身体状况良好,没有出现过肚子痛的情况,而且对同学们的态度很不友好,经常和同学争抢、闹意见,学习成绩一直没有提高。建议爸爸带虎

子去看心理专家。

事情的经过

经过检查，心理专家确认虎子没有器质性病情，考虑到心理因素，给虎子播放了舒缓的音乐，曲终，虎子谈起了自己的感受。

虎子长得虎头虎脑，身体强壮，爱好运动。5岁就开始学习跆拳道，学得有模有样。他喜欢给大家展示，在家里爷爷很宠他，每次都扮演"失败者"，被虎子打得落花流水。

在学校虎子也希望得到同学们的认可，于是他经常"以武示人"，跟同学们争抢座位，连上厕所都要第一个挤进去。对女同学也毫不客气，经常凭借自己的力气大，抢夺书本，霸占整张课桌，为此没有女同学愿意做虎子的同桌，同学们都不喜欢他霸道的样子。在班里没有同学搭理他，当学习遇到困难想请教同学的时候，也没有人愿意帮助他。虎子觉得自己在班里很孤独，没有快乐，因此不想上学，不想每天体验这种被孤立的感觉。

 解决方法

心理导航

心理专家认为：由于虎子是独生子，在家里备受宠溺，养成了霸道的性格，在同学中丧失了威信和认同，被大家孤立，他在班集体中感受到的是孤独，这些情绪让他产生了厌学心理，因此想通过逃避的方式减缓自己的痛苦。这种情况需要及时排解疏导，帮助他树立正确的人生观、世界观，否则会影响日后的人际交往，阻碍人际发展。

倾听同学们的心声

在老师的安排下，虎子认真地给同学们道歉，承认了自己的霸道行为带给同学们的伤害，请求大家的原谅。不愿意跟虎子坐同桌的女同学告诉虎子：霸道的性格很让人讨厌，但是虎子的跆拳道练得好，同学们还是很羡慕的，如果能把学到的本领用在保护女同学，而不是用来暴力来解决问题的话，大家还是愿意跟他做朋友的。听了同学的心声，虎子惭愧地低下了头，表示今后一定要学以致用，把跆拳道用到需要的地方。

家人的改变

爸爸妈妈和虎子召开了家庭会议，爸爸带动虎子读古书、寓言故事等，通过对礼仪的学习，使虎子懂得了尊重长辈，一改往日的调皮，不再缠着爷爷扮演"坏人"了，而是陪着爷爷下象棋，或者去河边钓鱼。祖孙俩在一起更多的是互相尊重，快乐地享受着家人在一起的温馨。

星期天在不影响学习的前提下，爸爸陪虎子踢足球、看英超联赛、爬山等，两个人的关系开始密切起来，成了知心朋友。虎子的心情顺畅，心理平衡，学习成绩也有了提高。

跆拳道结交朋友

虎子"霸道"的性格慢慢发生了改变，同学们对他也不再像之前那样排斥了。有几个男同学还经常向虎子请教跆拳道的技巧，虎子都能耐心且毫无保留地教给大家，深受同学们的欢迎。学习中遇到问题，同学们都争先恐后地帮助虎子，让他感受到了集体的温暖。

心理专家提示

独生子女由于长时间被家人宠溺，容易养成唯我独尊、霸道、自私的性格。家长、老师、学校应该了解孩子的心理特点，及时调节，注意拓宽孩子的其他爱好，培养更多的兴趣，才能及时避免孩子的孤独。注意与孩子多交流，倾听孩子的内心，及时地爱抚与安慰，及时了解他们的内心需求和想法，帮助他们摆脱厌学的情绪。

网络游戏综合征

网络游戏综合征是指青少年过度依赖、沉迷网络，对学习、生活造成一定的影响。一般是在受到老师、家长的批评和责备时通过上网玩游戏来寻找刺激和成功的体验，以此来消除现实中的苦恼、无助等不愉快的负面情绪。

网络游戏综合征的表现有很多种，比如上网时全神贯注，下网后念念不忘；总嫌上网时间太少；不能控制自己的上网行为；减少上网时间就会烦躁不安；为了上网而影响了学习；因上网放弃重要的人际交往；对亲友掩盖自己频频上网的行为；有孤独失落感。

长时间沉迷于网络游戏会使儿童的脾气变得暴躁易怒、性格孤僻，甚至有的孩子为了游戏晋级过关，偷拿家里的钱，不惜重金购买游戏装备设置，导致家庭矛盾不断升级。另外，长时间上网对青少年的身心健康都非常不利，比如视力下降、不思进取、待人接物冷漠等。

避免沉迷网络要做到：一要明确上网的目的，上网之前应把具体要完成的学习任务写在纸上，有针对性地浏览信息，避免漫无目的的上网。二要控制上网操作时间，上网时间不超过1小时，连续操作1小时后要休息30分钟。三要设定强制关机时间，准时下网。四要学会用转移和替代的方式摆脱网络，例如，可以通过打球、下棋等方法转移注意力，减少对网络的依赖。五要培养健康、成熟的心理防御机制，学会合理宣泄，正确面对挫折，只有这样，才不会一味地躲在虚拟世界中逃避失败与挫折。

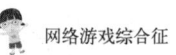

五十二、早出晚归的学生

想不到的转变

闹闹是个非常贪玩的孩子，刚上一年级的时候妈妈就经常接到老师打来的"投诉"电话，由于闹闹上课坐不住，经常不遵守课堂纪律，随意离开座位，影响老师讲课，还经常跟妈妈耍赖不想上学，爸爸妈妈非常着急却也无计可施。

想不到的是上了二年级之后闹闹发生了很大的转变。每天早早起床去学校，中午在家也不怎么休息，晚上放学后回来很晚。妈妈暗自窃喜，认为孩子长大懂事了，知道了学习的重要性。

老师的电话

真是怕什么来什么，妈妈又接到了老师的电话。这个电话不是"告状"而是要妈妈到学校跟老师面谈。妈妈感到了事情的严重性,如约来到学校。老师反映,闹闹两次测验都不及格,而且最近上课时表面看是坐在位置上老老实实,可是经常走神,对老师的提问都是答非所问。听到老师的说法妈妈满腹不解,闹闹每天上学早出晚归,怎么学习成绩却一直在下降?与老师求证到校、离校的时间跟其他同学一样正常,并没有妈妈说的早出晚归的现象。

沙盘游戏探究竟

妈妈带闹闹找到了心理老师,在沙盘面前闹闹表现得很感兴趣,看到闹闹喜欢卡通人物和变形机器,心理老师和闹闹谈心,打开了心扉。

暑假去旅游时,闹闹迷上了手机游戏。回到学校和"志同道合"的同学请教,又学会了几款手游的玩法。可是,因为平时爸爸妈妈要求严格,闹闹没有机会接触手机。不能玩游戏的闹闹觉得生活失去了乐趣,他苦思冥想,把每款手游里的人设用笔画出来,拿到学校跟同学们切磋,成功"发明"了纸质版手游。这个办法得到了同学们的认可,于是几个爱好手游的同学每天早早来到学校操场,谈论游戏的玩法,放学后到小区的休闲桌上继续画游戏中的人物和道具,乐此不疲,有时会忘记了回家的时间。

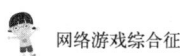

网络游戏综合征

解决方法

心理导航

听了闹闹的讲述,心理老师认为闹闹由于沉迷网络游戏而影响了学习,属于网络游戏综合征。应该及时制止,并制定科学有效的方法帮助他摆脱对游戏的过分依赖,否则会影响学习甚至影响性格的发展。

听工程师讲网络游戏

了解到闹闹的情况,班主任召开了"网络游戏的危害"主题班会。会上请来了网络编程工程师,通过工程师的讲解让同学们明白了网络是虚拟的,程序研发者会根据消费者的需求,模拟一些在现实生活中无法实现的场景和故事情节,通过收取费用的方式让玩家一步步陷入其中无法自拔。工程师还列举了因为痴迷游戏而耽误学习和工作的真实事件,让闹闹和同学们弄清了虚拟游戏的实质。

约法三章

一家三口召开了家庭会议,爸爸跟闹闹约法三章:每天由妈妈负责接送他上下学,回家后辅导功课;每周日给闹闹玩游戏的固定时间1小时，如果超时将会取消下周的游戏时间；制定学习计划，每周将学习情况记录下来，跟老师交换意见。

发展其他兴趣爱好

知道闹闹能用画笔画出人物和场景，根据这个特长，爸爸给闹闹报了儿童绘画班。由于之前有一定的绘画基础，闹闹的绘画水平在班里屈指可数，经常得到老师的表扬，很多同学都愿意向闹闹请教绘画技巧，这些给闹闹带来了极大的自信，他热心帮助同学，生活充满了乐趣，对网络游戏的痴迷程度减轻了。在老师的推荐下，闹闹参加了绘画比赛，他画的卡通、漫画作品获得了奖励。

心理专家提示

长期沉迷在网络游戏中的孩子，内心是孤独的，现实生活中无处排解、无处发泄的情绪在网络中容易得到满足。所以，作为家长和老师要细心观察儿童的行为举止，感受儿童的真实情绪和情感，体会儿童的内心需求，做积极正向的引导，帮助他们顺利戒除网瘾，回归正常的现实生活。

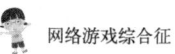 网络游戏综合征

五十三、离开电脑就烦躁

 **案例**

火爆的脾气

半年前,爸爸给小轩购买了网络视频教程,每天写完作业小轩都要再上两节网络课程。随着时间的推移,爸爸发现小轩的学习成绩没有提高多少,倒是脾气长了不少。特别是只要一离开电脑小轩就显得特别烦躁,对什么也没有兴趣,就连爸妈善意的提醒都会让他动不动就暴跳如雷。

热衷网络直播

一头雾水的爸爸觉得小轩出了问题,带他找到了心理专家。了解到小轩的火暴脾气,心理专家运用音乐疗法,为小轩播放了舒缓的冥想乐曲,在轻松的氛围里,小轩谈起了最近的种种情绪变化。

每天繁重的学习任务压得小轩喘不过气来,还好每天上网

络课程的时候没有爸爸妈妈的监督。就是从这时起,小轩背着爸爸妈妈在网上浏览网站,无意中进入了网络直播间,大家都争先恐后地给主播送礼物,谁送的礼物多主播就会陪谁聊一会儿知心话。由于小轩是新人,有一次免费与主播交流的机会,跟漂亮姐姐的沟通很轻松,小轩一下子就喜欢上了这种形式。以后每天他都借学习的名义在网站直播间浏览。还偷偷用了自己的压岁钱给主播姐姐购买礼物,每天见不到主播,心里就觉得少了什么,心情会低落,想跟人发脾气。

 解决方法

心理导航

心理专家认为:由于小轩年龄小,自控力差,面对网络直播的诱惑不能自拔,使其身心都受到影响,特别是脾气暴躁,易激惹,都属于网络游戏综合征的表现。需要及时介入、帮助他戒除网瘾,否则会严重影响到小轩的性格发展,严重的会导致抑郁、焦虑等心理疾病。

宽严并济

爸爸跟妈妈分工合作,每晚的网络课程由妈妈进行监督、辅导。每周爸爸会安排时间跟小轩一起上网,每次浏览网页都是共同商议好的主题,比如利用网络的优势小轩可以跟远在国外的同学视频聊天;帮爸爸在网上给妈妈选购生日礼物;在爸爸的帮助下,小轩还学会了在网上给爷爷奶奶购买火车票……网络的世界真的是丰富多彩,带给人这么多的便捷和快乐。

兴趣是最好的老师

爸爸给小轩的学习进行了减负,取消了两科网络课程。在妈妈的提议下,小轩报名参加了少儿国学班,通过讲述传统历史故事、吟诵古今诗词等,让小轩了解了中国的历史和文化,明白了做人的道理,懂得了孝敬父母,感恩他人。以后再没有见到过小轩乱发脾气。

转移注意力

周末有时间,爸爸会带着小轩去体育场进行体育锻炼,跑步、打篮球、去游泳馆游泳等,高强度的锻炼充分释放内心压抑的情绪,让小轩觉得累并快乐着。寒暑假爸爸妈妈和小轩一起周游世界,游览名胜古迹、踏浪远航,与大自然近距离接触,感受天地之浩瀚、山海之宽广。

如今的小轩,学习成绩名列前茅,能够正确看待网络的虚拟与现实的距离,不再迷恋网络。

心理专家提示

孩子过多地、没有选择地长时间（每天超过1小时）上网，大量的虚拟信息会充斥大脑，会影响到儿童的言行和性格，应该引起家长、老师的重视。家长平时应该让孩子远离电脑，远离电脑并不是说不让孩子接触电脑，而是让孩子有选择地看一些趣味性、知识性、真实性强的网页。多接触大自然，转移注意力，加强自控力的训练。

后　记

　　本书的完成，得到出版社领导及陈瑞编辑的具体指导和帮助，得益于出版社负责策划与发行老师的大力推广普及。出版之际，向他们表示衷心感谢。

　　为了帮助小学生及小学生家长了解心理健康问题，提高心理健康水平，作者从日常生活中选出了53个有代表性的案例，通过分析、找出问题根源、解决办法、注意事项等四个方面，阐述了解决小学生心理问题的方法与技巧，让小学生及家长看了明白，学会举一反三，达到自我认知、自我解决、自我疏导之目的。

　　由于作者水平有限，书中尚有许多欠完善的地方，有些心理分析，不是很透彻，个别事例也不鲜明，希望读者批评指正。

李美晔　刘燕华　李澍晔
2020年2月19日于北京